Edition Paashaas Verlag

Autor: **Peter Winkel**
Originalausgabe: November 2019
Covermotive: privat
Covergestaltung: Michael Frädrich
Printed: BoD GmbH, Norderstedt

www.verlag-epv.de

ISBN: 978-3-96174-053-6

Die Deutsche Nationalbibliothek verzeichnet diese Publikation in der Deutschen Nationalbibliografie; detaillierte bibliografische Daten sind im Internet über http://dnb.d-nb.de abrufbar.

Alte Brot- und Kuchenrezepte

von

Mülheimer Bäckern und Konditoren

und aus der Nachbarschaft

Nach dem Erfolg des Buches vom Korn zum Brot über die Bäckereien und Konditoreien aus Mülheim von 1740 bis heute, wurde mehrfach der Wunsch geäußert, auch ein Rezeptbuch mit alten Traditionsrezepten aus unserer Region zu erstellen. Diesen Wunsch möchte ich hiermit erfüllen.
Krempeln wir die Ärmel hoch und fangen an zu backen.

Ihr Peter Winkel

Peter Winkel *kam im September 1947, schon mit Bäckerblut infiziert, auf die Welt, denn Vater und mütterlicherseits der Großvater, waren selbstständige Bäckermeister. Nach dem schulischen und beruflichen Werdegang, welcher Peter Winkel zum Bäckermeister und Sensorik-Sachverständigen brachte, war er in größeren Bäckereien tätig.*
Mit seiner Ehefrau, Maria Elise zog es beide teilweise hoch hinaus. Ob Sommer oder Winter, ein paar Dreitausender mussten dran glauben. Flach und weit geht auch. Beide betrieben mit ihrem kleinen Segelboot „Mittwoch" viele Jahre lang eifrig Wassersport.
Heißbegehrt sind seine Spekulatien, welche er zur Adventszeit hobbymäßig in seiner „kleinsten Backstube des Ruhrgebietes" backt. Berüchtigt ist auch sein selbst ausgebauter Rotwein, mit dem Namen „Mülheimer Ochsenblut". Und auch noch die Historie der Mülheimer Bäcker und Konditoren:
„Vom Korn zum Brot", ISBN: 978-3-96174-022-2, Edition Paashaas Verlag

Darauf dürfen Sie sich freuen:
- Arbeitsweisen und Rohstoffe früher und heute
- Welche Zutaten gab es und welche nicht
- Notzeiten lösten sich ab und bestimmten das Nahrungsangebot
- Gute Zeiten ab den sechziger Jahren
- Personalentwickelungen früher, heute und in Zukunft

- und natürlich viele Rezepte

Rezepte, natürlich auch zum Nachbacken und Hintergründe dazu:

Zum Backen in Ihrem Backofen nutzen Sie am besten Ober- und Unterhitze nach Angaben des Ofenherstellers.

Maße:

1 Kg = 1,000Kg = 1000 g = 2 Pf. = 2 Pfund
½ kg = 0,500 kg = 500 g = 1 Pf. = 1 Pfund
¼ kg = 0,250 kg = 250 g = ½ Pf. = ½ Pfund
1 Zentner = 50 kg
1 Doppelzentner = 100 kg = 0,1 Tonne
1 preußisches Pfund = 500 g = 30 Loth
1 Loth = 16,6 g

Fangen wir mit den Rohstoffen und Arbeitsweisen aus der angeblich guten alten Zeit an:

Wie sahen die Rohstoffe aus?

Das Getreide: Die Erträge waren relativ gering, da die damaligen Saat-Mischungen sehr einfach waren, das heißt, sie waren viel wetteranfälliger als heutige Züchtungen. Schlechte Ernten werden heute über Ländergrenzen ausgeglichen, was früher über die vielen Kleinstaaten gar nicht möglich war. Die Qualität des Getreides war nicht so gut wie heute. Schlechte Ernten kamen häufig vor. Oft wurde das Mehl durch Zutaten wie Torf, Holzmehl, Kleie oder andere preiswerte Ersatzstoffe gestreckt. Selbst noch 1919 nach den Hungersnöten als Folge des ersten Weltkrieges stand eine Bäckermeisterfrau aus Styrum vor Gericht, weil sie ihr Brot mit 25 % Holzmehlzusatz streckte.

Manche Bäcker bekamen kein Mehl zur Spekulatiusherstellung.

Weil Weizenmehl importiert werden musste, wurde vom Reichsernährungsministerium in Berlin angeordnet, dass zu jedem Weizenteig immer Roggenmehl beigemischt werden musste.

Kein Mehl für Spekulatius.
Herr Obermeister Speckmann teilte in der letzten Sitzung der Bäcker- und Konditoreninnung mit, dass infolge eines Verbots des Regierungspräsidenten Dr. Kruse, kein Mehl zum Backen von Spekulatius für Nikolaus und Weihnachten abgegeben werden darf.
MZ, 11,04, 1915, Zeitungsnachricht aus dem ersten Weltkrieg

Das Getreide wurde früher mit steinernen Mahlsteinen gemahlen. Wenn man Stein auf Stein reibt, entsteht jedoch Steinabrieb, also Steinstaub, welcher sich in nicht unerheblichen Mengen im Mehl wiederfand und nicht ausgesiebt werden konnte.

Altertumsforscher können an der Länge des Zahnabriebs bei ausgegrabenen Leichen das Alter der Leichen bestimmen.
Oder das hochgiftige Mutterkorn: Mit den damaligen Gerätschaften und der damaligen Technik konnte Mutterkorn gar nicht so gut vom Getreide ausgelesen werden wie heute. Der Verzehr konnte daher sogar zum Tode führen. Viele schwere Erkrankungen durch Lebensmittelvergiftungen waren an der Tagesordnung, entstanden unter anderem durch schlechte Hygiene oder unsaubere Lagerung und Handhabung.
Mit anderen Rohstoffen und Zutaten war es ähnlich. Hinzu kam, dass sich die normale Bevölkerung wertvollere Backwaren gar nicht leisten konnte. Diese waren viel zu teuer und das Einkommen viel zu gering. Hinzu kam, dass der Transport über Territorialgrenzen bei gleichzeitig schlechten Wegeverhältnissen bestimmte Rohstoffe sehr verteuerte und sich gute Backwaren nur Wohlhabende oder der Normalbürger höchstens zu hohen Feiertagen leisten konnten.

Erst mit der Industrialisierung Mitte des neunzehnten Jahrhunderts verbesserte sich die Nahrungsmittelsituation für die einfache und normale Bevölkerungsschicht. Kleine Länder schlossen sich zu größeren Gemeinden zusammen, Straßen wurden befestigt, die Eisenbahn verbesserte das Transportwesen über weite Entfernungen. Flüsse wurden schiffbar gemacht und Kanäle ermöglichten es, auch große Mengen und Güter von A nach B zu befördern.
Großhändler lösten den reisenden Kaufmann ab und versorgten den Nahbereich. Kolonialwarengeschäfte, Bäckereien und Konditoreien versorgten die Bevölkerung in der Umgebung. Nun konnten die Bäcker und Konditoren das vorher beschränkte Sortiment mit kreativen Neuheiten aus dem Rohstoffbereich erweitern. Und das Handwerk blühte auf.

RRZ 1918

[I]m Holzmehl war in der Bäckerei von Josef B. ins Brot gebacken worden. Frau B. führte das Geschäft in Abwesenheit ihres Mannes, der sich im Felde befindet, mit dem Gesellen C., dessen Nachfolger L. die Sache anzeigte. Stadtchemiker Dr. Goske stellte in einer Mischungsprobe 25 Prozent Holzstreumehl fest, das, wie der Sachverständige betonte, zu Backzwecken so fein gemahlen wird, daß die Vermischung mit dem Backmehl von Laien nicht zu bemerken ist. Es wirke solche Mehlstreckung gesundheitsschädlich. Das Schöffengericht verurteilte Frau B. und den Gesellen C. zu je 2 Monaten Gefängnis und Urteilsveröffentlichung in den Mülheimer Zeitungen. Die Angeklagten legten Berufung ein. Nach den Aussagen zweier Lehrlinge und eines Mädchens, nahm die Strafkammer an, daß die Sachverständigenprobe aus einer nicht gut durchgemischten Stelle herrühre und daß das Brot in Wirklichkeit nur etwa 1⅓ Prozent Holzstreumehl enthalten habe, daß ferner die Frau dem C. nachgegeben habe, um sich wegen fehlender Brotmarken zu entschädigen. Die Strafkammer änderte daher das Urteil für Frau B. in 400 Mark Geldstrafe um. Die Berufung des C. mußte verworfen werden, weil sein Verteidiger die ihm ausgestellte Vollmacht nicht zu den Akten eingereicht hatte, sondern nur die für Frau B., wobei bemerkt worden war, daß die Vollmacht für C. nachfolgen würde, was aber nicht geschah.

Bevölkerungsentwicklung

Im Jahre 1400 hatte Mülheim ca. 1200 Einwohner.
Hier brauchte noch keiner einen Bäcker, geschweige einen Konditor.
200 Jahre später waren es ca. 2000 und weitere 200 Jahre später ca. 5400.
Im Jahr 1850 waren es dann ca. 11 000 Einwohner und um 1900 ca. 38 000.
Es folgten die Einbürgerungen der Vororte und die Industrialisierung, sodass Mülheim im Jahre 1910 schon 113 000 Einwohner hatte.
Nach dem 2. Weltkrieg ging es von ca. 130 000 im Jahre 1972 weiter hoch bis auf den Höchststand von 192 700 Einwohner.
Danach erfolgte ein Rückgang der Einwohnerzahl auf den heutigen Stand von ca. 160 000 Einwohnern. All diese Einwohner wollten und wollen natürlich von unseren heimischen Bäckern und Konditoren mit Brot, Gebäck, Feingebäck und süßen Köstlichkeiten versorgt werden. Wo früher Brot und Brötchen noch ein Grundnahrungsmittel und lebensnotwendig waren, herrscht heute Luxus und Überfluss.
Was früher Viehfutter war, wird heute als gesundes Nährmittel angepriesen. (Kleie usw.) Was in alten Zeiten gut war und in neuerer Zeit schlecht ist, sollte jeder selber für sich entscheiden. Dabei sollte man das Moderne nicht sofort verdammen. Man darf nicht Äpfel mit Birnen vergleichen und sollte sich besser neutral informieren.

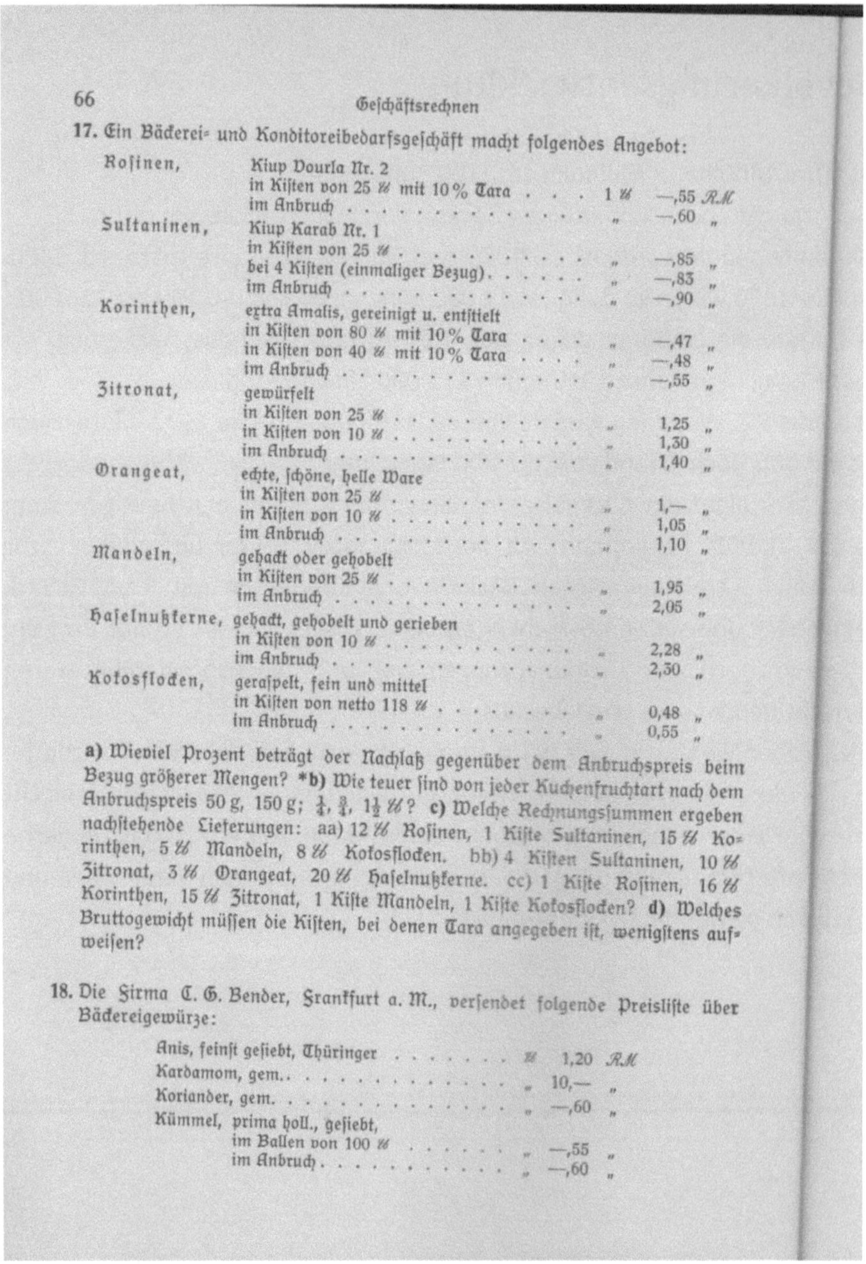

66 Geschäftsrechnen

17. Ein Bäckerei- und Konditoreibedarfsgeschäft macht folgendes Angebot:

Rosinen,	Kiup Dourla Nr. 2		
	in Kisten von 25 ℔ mit 10 % Tara . . .	1 ℔	—,55 RM
	im Anbruch	„	—,60 „
Sultaninen,	Kiup Karab Nr. 1		
	in Kisten von 25 ℔	„	—,85 „
	bei 4 Kisten (einmaliger Bezug)	„	—,83 „
	im Anbruch	„	—,90 „
Korinthen,	extra Amalis, gereinigt u. entstielt		
	in Kisten von 80 ℔ mit 10 % Tara	„	—,47 „
	in Kisten von 40 ℔ mit 10 % Tara	„	—,48 „
	im Anbruch	„	—,55 „
Zitronat,	gewürfelt		
	in Kisten von 25 ℔	„	1,25 „
	in Kisten von 10 ℔	„	1,30 „
	im Anbruch	„	1,40 „
Orangeat,	echte, schöne, helle Ware		
	in Kisten von 25 ℔	„	1,— „
	in Kisten von 10 ℔	„	1,05 „
	im Anbruch	„	1,10 „
Mandeln,	gehackt oder gehobelt		
	in Kisten von 25 ℔	„	1,95 „
	im Anbruch	„	2,05 „
Haselnußkerne,	gehackt, gehobelt und gerieben		
	in Kisten von 10 ℔	„	2,28 „
	im Anbruch	„	2,30 „
Kokosflocken,	geraspelt, fein und mittel		
	in Kisten von netto 118 ℔	„	0,48 „
	im Anbruch	„	0,55 „

a) Wieviel Prozent beträgt der Nachlaß gegenüber dem Anbruchspreis beim Bezug größerer Mengen? ***b)** Wie teuer sind von jeder Kuchenfruchtart nach dem Anbruchspreis 50 g, 150 g; ¼, ¾, 1½ ℔? **c)** Welche Rechnungssummen ergeben nachstehende Lieferungen: aa) 12 ℔ Rosinen, 1 Kiste Sultaninen, 15 ℔ Korinthen, 5 ℔ Mandeln, 8 ℔ Kokosflocken. bb) 4 Kisten Sultaninen, 10 ℔ Zitronat, 3 ℔ Orangeat, 20 ℔ Haselnußkerne. cc) 1 Kiste Rosinen, 16 ℔ Korinthen, 15 ℔ Zitronat, 1 Kiste Mandeln, 1 Kiste Kokosflocken? **d)** Welches Bruttogewicht müssen die Kisten, bei denen Tara angegeben ist, wenigstens aufweisen?

18. Die Firma C. G. Bender, Frankfurt a. M., versendet folgende Preisliste über Bäckereigewürze:

Anis, feinst gesiebt, Thüringer	℔	1,20 RM
Kardamom, gem.	„	10,— „
Koriander, gem.	„	—,60 „
Kümmel, prima holl., gesiebt,		
im Ballen von 100 ℔	„	—,55 „
im Anbruch	„	—,60 „

Rohstoffpreisangebot von 1931, aus einem Bäckerrechenbuch.

Rezepte im Wandel der Zeit

Die in den Rezepturen angegebenen Zutaten wurden, wenn nötig, auf die heute zugänglichen Produkte getauscht. Man kann heute aus gesundheitlichen Gründen kein Mehl mehr mit Steinmehlinhalt verbacken oder Milch und Butter aus dem achtzehnten Jahrhundert verarbeiten. Die damaligen Kühe gibt es heute nicht mehr. Zutaten wie Torf oder Holzmehl oder ähnliche Produkte, die es heute in Lebensmittel nicht mehr gibt oder geben sollte, habe ich daher durch Produkte, welche heute auf dem gesundheitlichen und hygienischen besten Stand sind, ersetzt.

Die Zutatenliste der Rezepte hat sich nicht wesentlich geändert.

Backhilfsmittel, welche heute verpönt sind – es gab sie schon vor über einhundert Jahren, in der so guten alten Zeit – sind in den hier gesammelten Rezepten nicht berücksichtigt. Die Herstellungsweisen haben sich auch in kleineren Bäckereien nicht gravierend geändert. Durch bessere Ofen- und Maschinentechnik, sowie Kühl- und Lagerhaltung, ist die Hygiene in der Produktion jedoch stark verbessert worden.

Die Rohstoffe haben sich auch verbessert, wenn man bedenkt, wie häufig Bäcker früher mit Auswuchsmehl, also minderwertigem Mehl, arbeiten mussten oder sich mit dem hochgiftigen Mutterkorn abmühten.

Ab Mitte des neunzehnten Jahrhunderts wurden Backhilfsmittel-Firmen gegründet, um dem Bäcker beim Backen Hilfsmittel zur Herstellung besserer Gebäcke und zur Verbesserung der nicht immer guten Rohstoffe zu ermöglichen. Gerade Mehl ist immer noch ein Naturprodukt und somit im Ergebnis wetterabhängig. Heute sind Bioprodukte auf dem Vormarsch und verbessern oftmals den alltäglichen Lebensmittelverzehr.

Bei allen in diesem Buch aufgeführten Rezepten kann man natürlich die aufgeführten Rohstoffe mit gleichen Bio-Rohstoffen austauschen.

Ich wünsche ein fröhliches Nachbacken und gutes Gelingen.

Nach altem Handwerksgruß:

Gott segne das ehrbare Handwerk und viel Spaß beim Nachbacken.

Weißbrot: Rezept von 1974

Brote:	**2**	**4**
Wasser	*0,225*	*0,450*
Weizenmehl, 550	*0,600*	*1,200*
Margarine	*0,018*	*0,035*
Hefe	*0,030*	*0,060*
Weizenvorteig	*0,150*	*0,300*
Salz	*0,013*	*0,025*
Milch	*0,075*	*0,150*
Zucker	*0,013*	*0,025*
Teig:	***1,110***	***2,220***

Alle Zutaten 12 Min. zu einem lockeren Teig kneten und dem Teig ca. 30 Min. Teigruhe geben. Den Teig in 550 g-Stücke abwiegen und lang formen. Diese Teigstücke dann in passende gefettete Kästen legen und weitere 40 Min. auf Gare stellen.
Vor dem Backen die Oberfläche mit Wasser abstreichen und darauf achten, dass das Wasser nicht an den Teigstücken herunterläuft, denn die Stuten kleben sonst in den Formen. Nun noch längs einschneiden und ab geht es in den Ofen.
Bei 240 ° C nach 10 Min auf 210 ° C stellen und ca. 40 Min. ausbacken.

Anzeige, Rhein-Ruhr-Zeitung 1858:

Krankenhauscomite, Offerten für Weißbrodlieferung für Sept. u. Okt. 1858 einzureichen

Weißbrot oder auch als ungesüßtes Weißbrot genannt, wurde früher nur in hochherrschaftlichen Kreisen zum Verzehr gereicht. Erst mit der französischen Revolution konnte sich die einfache Bevölkerung das Weißbrot finanziell erlauben. Zuerst auch nur an Sonn- oder Feiertagen – oder eben als Krankennahrung.

Eine kleine Anekdote fiel mir ein, als ich 2018 in Mülheim im evangelischen Krankenhaus weilte.

Zum Frühstück konnte man sich damals wie heute jeden Morgen die Brotsorten wünschen, die man wollte. Und darunter war auch das ungesüßte Weißbrot.

Mir kam darauf die Zeitungsanzeige aus der Rhein-Ruhr-Zeitung von 1858 in den Sinn. Hier annoncierte das Krankenhauskomitee die Weißbrotbelieferung für die Monate September und Oktober. Also wird das Weißbrot bereits seit über 150 Jahre lang zur Verköstigung an Kranke angeboten.

Das ist ja wohl eine dolle Tradition des evangelischen Krankenhauses.

Auch damals wurde Brot schon mit gesundheitsbezogenen Argumenten beworb*en*.

MZ 1896

Graubrot

Graubrot oder auch Kasseler genannt ist ein Weizenmischbrot.

Dieses Rezept ist von 1970.

Brote:	**2**	**4**
Wasser	*0,700*	*1,400*
Weizenmehl, Type 550	*0,400*	*0,800*
Weizenmehl, Type 1050	*0,300*	*0,600*
Roggenmehl, Type 1150	*0,180*	*0,360*
Hefe	*0,020*	*0,040*
Vollsauer	*0,220*	*0,440*
Salz	*0,020*	*0,040*
Teig:	***1,850***	***3,700***

Alle Zutaten 10 Min. zu einem wolligen Teig kneten und danach eine 30-minütige Teigruhe einhalten. Den Teig dann in 900 g-Stücke teilen und rund formen. Danach die Brote ca. 40 Min. auf Gare ruhen lassen. Vor dem Backen mit Wasser abstreichen und einschneiden. Beim Abstreichen mit Wasser darauf achten, dass das Wasser nicht auf das Backblech oder die Backfolie läuft, es backt sonst daran fest.

Oberländer

In Mülheim an der Ruhr gab es um die Jahrhundertwende um 1900 mehrere Bäckereien, welche sich Oberländische Bäckerei nannten. Es war wohl ein Werbegag, wie einige Jahre zuvor mit „Holländsche Bäckerei" oder „Nederlandsche Zwiebackbäckerei" geworben wurde.

Ad.B 1896

Eine bekannte Bäckerei mit der Bezeichnung „Oberländische Bäckerei" war die Bäckerei von Karl Hilberath.

Hier eine typische Bäckerfamilie kurz vorgestellt:

1875 gründete Johann Peter Hilberath geb. 1851, am Kohlenkamp 32 die Bäckerei Hilberath.

Bruder Baltasar Theo gründete eine Metzgerei.

Dessen Sohn Karl Theodor heiratete 1909 Josefine Math. Ida Züllich.

Johann Peter machte sich früh einen Namen für gutes Brot und Weißbrot und nannte sich „Die Oberländische Bäckerei".

1881 wurde Karl Hilberath geboren. Karl war 1924 Gründungsmitglied des Bäckergesangvereins. Seine Bassstimme war weithin bekannt.

1885 war ein Jakob Hilberath einer der Mitbegründer der Bäckerinnung.

1909 bis 1913 kamen die Söhne Karl Theodor, Friedrich Karl und Karl Hermann zur Welt. Karl Theodor heiratete Elisabeth Gelsam und sie bekamen fünf Kinder miteinander.

Karl Hermann heiratete 1939 Bernhardine Winkelhann, die 2013 verstarb. Karl Hilberath war ein Sohn vom Metzger Theo Hilberath, einem Bruder von Karl Theodor. Karl machte von 1930 bis 1933 seine Konditorausbildung in Duisburg an der Königstraße bei der Konditorei Stehle & Wischnewski.
1939 übernahm Karl die Bäckerei vom Onkel.
1973 wurde das letzte Brot am Kohlenkamp 32a aus dem Ofen geholt.
1992 verstarb Karl Hilberath.

Das Oberländer war ein mildes Roggenmischbrot.
Hier ein Rezept aus dem Jahr 1970:

Brote	***2***	***4***
Wasser	*0,700*	*1,350*
Weizenmehl, Type 1050	*0,380*	*0,760*
Roggenmehl, Type 1150	*0,460*	*0,920*
Hefe	*0,025*	*0,050*
Vollsauer	*0,350*	*0,700*
Salz	*0,020*	*0,040*
Teig:	***1,935***	***3,870***

Alle Zutaten ca. 8 Min. zu einem Teig kneten und 20 Min. ruhen lassen.
Dann 950 g-Stücke abwiegen, rund und lang formen. Mit dem Schluss ca. 40 Min auf Gare liegen lassen und dann in den vorgeheizten Ofen, 250° C schieben. Vor dem Backen die Brote mit Wasser abstreichen und zweimal quer einschneiden. Die Ofentemperatur nach 10 Min. auf 220 ° C herunterstellen und das Brot 45 - 50 Min. backen.

Salzsauer

Vorstufen

Salzsauer ~~Grundsauer~~:

	Anstellgut	1,–	kg
	R-Mehl	2,5	kg
	Wasser	2,5	dm^3
	Grundsauer	,	kg *)

~~2-3…~~ T_{Teig} = 28 °C, $t_{Stehzeit}$ = 24-30 h, TA =

~~Vollsauer~~:

	Grundsauer	6,–	kg
	R-Mehl	20,–	kg
	Wasser + 400g Salz	20,–	dm^3
	Vollsauer	46,4,–	kg *)

T_{Teig} = 35-36 °C, $t_{Stehzeit}$ = 24-32 h, TA =

*) Abnahme von Anstellgut beachten!

Quell- / Brühstück	Schrot	,	kg
	JUNG-	,	kg
	Wasser	,	dm^3
	Quell- / Brühstück	,	kg

T_{Teig} = °C, T_{Wasser} = °C,

$t_{Stehzeit}$ = h, TA = .

Restbrot	Restbrot **)	,	kg
	Wasser	,	dm^3
	Aufschlämmung	,	kg

Verhältnis :

**) Achtung bei sorbinsäurehaltigem Schnittbrot! Nur Restbrot der gleichen Sorte verwenden.

Bemerkungen:

In dem vorhergehenden Rezept ist bei den Zutaten von Sauerteig die Rede. Früher gab es verschiedene Führungen, das heißt, verschiedene Herstellungsweisen des Sauerteiges. Die hießen zum Beispiel: Dreistufenführung, Schaumsauerführung, Detmolder Einstufenführung und noch ein paar mehr.

Wenn man Roggenmehl zu Brot verarbeitet, muss man immer Säure dem Teig zusetzen, denn im Roggenmehl sind Eiweißstoffe, welche sich nicht zu einer konsistenten Masse verbinden. Ohne Säure bleibt das Brot platt.
Vor einigen hunderten von Jahren hat man einen Teigrest vergessen. Nach ein paar Tagen fing der Rest an zu gären und wurde sauer. Weil Brot kostbar war, verwendete man den versäuerten Teigrest. Und siehe da, das Brot bekam eine viel bessere Form, es wurde rundlicher, fast wie ein Weizenbrot, schmeckte besser und war besser gelockert, hatte also eine gröbere Porung. Man kann Sauerteig kaufen oder auch selber herstellen.
Zur Herstellung nimmt man 100 g Roggenmehl und 80 g lauwarmes Wasser und verrührt beides. Bakterien in der Luft setzen sich auf diesen Nährboden, vergären und bilden dabei Säure und Alkohol. Der Alkohol verflüchtigt sich aber. Diese Prozedur macht man 6 bis 7 Tage lang. Nach drei Tagen stinkt dieser Teig fürchterlich und ganz viele Leute werfen den Teig weg. Aber nach dem dritten Tag gewinnen die Milch- und Essigsäure, welche man züchtet, die Oberhand und man bekommt einen wohlriechenden Sauerteig, mit dem man nun arbeiten kann. Bei jeder Benutzung dieses Sauerteiges behält man zur Weiterverarbeitung ein Stück Sauer zurück, um mit diesem Stück den nächsten Sauerteig zu starten. Denn mit diesem Anstellgut kann man die oben genannte Prozedur auf zwei Tage verkürzen. Dieses Anstellgut kann man in einem dichten Gefäß im Kühlschrank 1-3 Monate bedenkenlos lagern, denn schimmeln kann der Teig nicht, weil zu viel Säure darin ist und zu sauer kann er nicht werden, weil mehr als sauer geht nicht, weil der Teig bei 23° Säuregrade nicht weiter säuert.
Sie können aber auch flüssigen Sauer oder gefriergetrockneten Sauer benutzen. Großbäcker benutzen heute pumpfähigen dickflüssigen Sauerteig, welchen sie selber herstellen, weil es sich für sie besser rechnet und den betrieblichen Eigengeschmack darstellt. Manch einer schwört auf seinen alten in Familienbesitz gehaltenen und gezüchteten Sauerteig und dazugehörige besondere Führungen.

Mühlenbrot

Weizenmischbrot, Rezept von 2012, Aumühle Moers

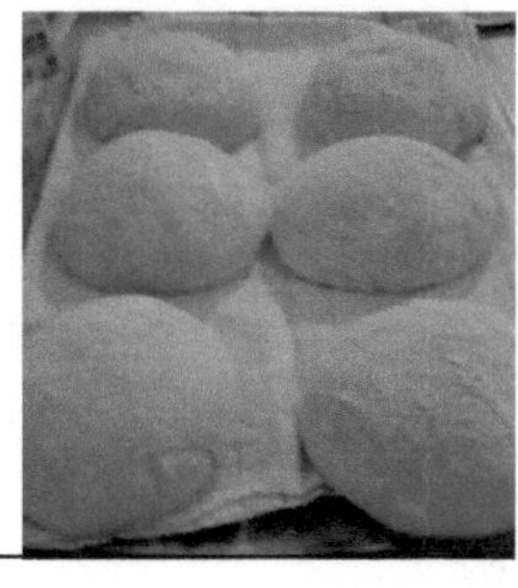

Wasser	*700 g*
Weizenmehl, 550	*400 g*
Weizenmehl, 1050	*300 g*
Roggenmehl, 1150	*180 g*
Hefe	*30 g*
Vollsauerteig	*220 g*
Salz	*20 g*
	1850 g Teig

Alle Zutaten 12 Min. zu einem Teig kneten. 20 Min. Teigruhe geben.
Teig abwiegen, formen und ca. 40 Min. auf Gare ruhen lassen.
600 g-Brote ca. 40 Min bei einer Temperatur von 250° C fallend auf 210° C oder bei 230° C durchbacken.

Vollsauerteig:

Anstellgut	*30 g*
Wasser ca. 35° C	*100 g*
Roggenmehl 1150	*120 g*
	250 g Sauerteig

Anstellgut, Wasser und Roggenmehl vermischen, mit Mehl bestreuen und ca. 12 bis 18 Stunden reifen lassen. 30 g Anstellgut in einen Tuppertopf kühl im Kühlschrank lagern zum Weitersäuern.

Platz

Wanne	550,	Hefe,	550	Zucker	Fett	10/30	Milch	Salz	Teig
5	8.-	0,625	4.-	1,7	2.1	0,150	0350	0,225	22.-
6	9,5	0,750	4,5	2.-	2.5	0.150	0.450	0,270	25.-
7	11.-	0875	5.-	2.3	2.9	0,200	0500	0,320	29.-
8	13.-	1.-	5.5	2.7	3.3	0200	0550	0.370	33.-
9	14,5	1.125	6.-	3.-	3.7	0.250	0650	0,400	37.-
10	16.-	1.250	7.-	3.4	4.2	0,300	0700	0,450	42.-
11	18.-	1.375	7.5	3.7	4.6	0.300	0800	0.500	47.-
12	20.-	1.500	8.-	4.-	5.-	0.350	0850	0.550	51.-
13	21,5	1.625	9.-	4.4	5.4	0350	0900	0.600	55.-
14	23.-	1.750	9.5	4.7	5.8	0400	1000	0.650	59.-
15	25.-	1.875	10.-	5.1	6.3	0.450	1050	0.700	64.-
16	27.-	2.-	11.-	5.5	6.7	0500	1100	0.750	68.-

Platzrezept notiert 1974

Platz – Wochenendstuten

1926

Bis in die neunzehnhundertsechziger Jahre war es normal, dass Familien vor allem zum Wochenende und zu Festlichkeiten den Teig für süße Stuten selber machten und die gefüllten Kästen ihrem Bäcker zum Abbacken brachten. Auf die verschiedenen Kästen kam dann immer ein Zettel mit dem Familiennamen um die Stuten nicht zu verwechseln.

Für den Bäcker war es nicht leicht, diese Stuten zu backen, da er die Rezepte ja nicht kannte und unterschiedliche Mengen an Hefe oder Zucker ergaben ganz unterschiedliche Backergebnisse. Es gab hellere oder dunklere, höhere oder flachere Wochenendstuten, je nachdem wie viel Zucker oder Hefe im jeweiligen Familienrezept verwandt wurden – der Bäcker war natürlich immer der Dumme.

Oben ist ein Rezept von Wilhelm Wälken aus Essen abgebildet, mit welchem er in Essen und Umgebung einen großen Bekanntheitsgrat erreicht

hat. Der Wälken's Platz war weithin bekannt und beliebt, sogar in New York am Broadway, hergestellt von Wilhelms Bruder, Paul Walken.
Die ersten drei Zeilen zeigen die Zutaten für den Vorteig an.
Ein Vorteig wurde immer gemacht, wenn der Teig sehr schwer war, das heißt sehr gehaltvoll, also viel Zucker und Butter enthielt.

Platz heute 2019

Wochenendplatz

	Stück:	***4***
Ansatz:		
Wasser		*0,700 g*
Weizenmehl, Type 550		*1,000 g*
Hefe		*0,075 g*
Teig:		
Zucker		*0,210*
Butter		*0,250*
Weizenmehl, Type 550		*0,450*
Vollmilch		*0,100*
Vollei		*0,050*
Salz		*0,025*
Teig:		***2,860***

Aus den Zutaten unter Ansatz einen weichen Teig herstellen und ca. 30 Min. abgedeckt ruhen lassen. Der Ansatz ist dazu da, die Hefe zu vermehren, damit sie sich in dem schweren Hefeteig – viel Fett und Zucker – optimal entwickeln und arbeiten kann.

Dann den Ansatz und alle anderen Zutaten zu einem wolligen Teig kneten und wieder eine dreißigminütige Teigruhe einhalten.
Danach wird der Teig in 600 g große Teigstücke geteilt. Diese werden rund und lang geformt, in passende gefettete Kästen gelegt und nach ca. 40 Min. mit Ei abgestrichen, eingeschnitten und bei ca. 190 °C in den Ofen geschoben.
Die Backzeit beträgt ca. 40 - 45 Min.

Brötchen

Es gibt Schrippen, Semmel, Kaisersemmel, Rundstücke, Schnittbrötchen, Spitzbrötchen, handgeformte Brötchen und es gibt noch einige Bezeichnungen mehr. Ein frisches Brötchen sollte auf keinem Frühstückstisch fehlen. Ohne frische Brötchen ist der Tag nur ein halber Tag.

Ein Gerücht hält sich hartnäckig, dass die Teiglinge tiefgefroren mittlerweile aus Asien, sprich China kommen. Das trifft bedingt vielleicht auf Billigbäcker und Discounter zu ... Aber den Bäckern, ob klein oder groß, liegt das Brötchen am Herzen, denn es ist das profitabelste Produkt, was aus der eigenen Produktion kommt.

Neben dem Rezept möchte ich auch kurz erklären wie sie Brötchen von Hand herstellen können und zudem, wie Großbäcker abertausende Brötchen täglich herstellen.

Brötchen, Weizenkleingebäck

Stück	***30***	***60***
Wasser	*0,600*	*1,200*
Weizenmehl, Type 550	*0,900*	*1,800*
Weizenvorteig	*0,220*	*0,440*
Fett	*0,010*	*0,020*
Zucker	*0,020*	*0,040*
Hefe	*0,030*	*0,060*
Salz	*0,020*	*0,040*
Teig:	***1,800***	***3,600***

Alle Zutaten 14 Min. zu einem Teig kneten. Der Weizenvorteig ist ein am Vortag aus 120 g Weizenmehl und 100 g warmen Wasser angerührten Teig. Nach ca. 30 Min Teigruhe den Teig in 60 g Stücke abwiegen, rundformen und lang formen, dabei die Hand rechts und links flach halten, die Finger spreizen, dass eine erhöhte Wölbung mit der Hand entsteht. Dann rollt man das runde Teigstück über den Tisch hin und her und drückt mit dem Daumen und dem kleinen Finger die spitzen Enden. Dann in Mehl rollen, was neu ist, weil wir im Ofen zu Hause keine glänzenden Brötchen hinbekommen. Mit einem scharfen Messer schneidet man dann von Spitze zu Spitze ganz schnell einen Schlitz und legt das Brötchen mit dem Schlitz nach unten auf ein Tuch oder dem Backpapier. Dann die Rohlinge ca. 40 Min auf Gare ruhen lassen. Jetzt werden die Brötchen gewendet, also mit dem Schlitz nach oben auf das Backblech gelegt und bei einer Temperatur von 240° C fallend auf 210° C wandern die Teiglinge in den Ofen und backen ca. 18 Minuten, bis sie goldbraun und schön rösch, also knackig sind. Anstelle des Mehls auf den Brötchen kann man vor dem Backen die Brötchen noch gut mit Wasser abstreichen, damit sie Glanz bekommen. Das ist nicht so einfach.

Und hier die Variante, wenn sie mehr als tausend Brötchen täglich backen möchten:

Die Zutaten wie Weizenmehl der Type 550, Wasser, Brötchenbackmittel, Salz, Hefe und Eiswasser werden teils automatisch oder von Hand in den Knetkessel gewogen. Ja, sogar im tiefsten Winter muss Eiswasser dazu genommen werden, weil beim Teigkneten der Teig zu stark erwärmt wird, da wir eine Teigtemperatur von 25°-26° C eingehalten möchten. Nach dieser ca. zehnminütigen intensiven Knetung wird der Teig mit Hilfe einer Schnecke – sie ist nicht so langsam wie der Name es vorgibt – durch die Etagendecke auf ein Transportband befördert. Bitte nicht anstellen, es wird nur Teig befördert, auch kein Geselle zum Meister. Auf diesem Transportband döst der Teig so ca. 15 Minuten vor sich hin, wobei so langsam die Hefe zum Leben erwacht und ihre Arbeit aufnimmt. Wurde ja auch höchste Zeit! Und abwärts geht es in die Teigteilmaschine, eine der fleißigsten Maschinen im ganzen Betrieb.

Hier wird der Teig in acht Kammern zu je 60 g gepresst. Damit auch keinem Rohling das Brötchenherz wegen Über- oder Untergewicht blutet, muss der Bäcker immer wieder Kontrollwiegungen der Rohlinge durchführen.

Teigteilmaschine aus der Jahrhundertwende *1900*
Bäckerei Hens, Mülheim

Im nächsten Schritt kullern die Teigstücke sich vor Freude kugelrund. Immer acht in der Reihe. Wie die Soldaten beim alten Fritz wandern sie über Spreizbänder in die Brötchenanlage. Jetzt können die Teiglinge erst einmal durchschnaufen und sich entspannt in ihren Teigtrögeln zurücklehnen.
Nach diesem kleinen Mittagschläfchen werden die Rohlinge, wie man sie auch nennt, etwas unsanft flach gerollt und zu einer Art Wurst eingeschlagen. Unter keinen Umständen heißt das, dass die Bäcker die Rohlinge verprügeln oder schlagen. Niemals, so heißt nur der Fachbegriff. Jetzt ist die Brötchenform gegeben und wieder darf sich der Rohling entspannen und erholen. So freundlich sanft sind nun mal die Bäcker zu den Brötchen und hoffen, dass der Kunde diese liebevolle Behandlung auch herausschmeckt.
Nach dieser ca. 20-minütigen Wellness-Passage erreichen die Rohlinge ihr Wunschziel, die Schneidestation. Hier, wo die Rohlinge ihren Ritterschlag zum Schnittbrötchen erhalten, werden die acht Teiglinge in einer Reihe von beiden Seiten angedrückt und festgehalten. Nun saust feilschnell ein superscharfes Messer durch die überraschten Rohlinge und ruckzuck sind sie vom einfachen Rohling zum Schnittbrötchen befördert.
Nun geht es mit den Teigstücken auf Transportbändern, mal rechts, mal links und 30 fallenlassen auf eine Brötchendiele. Die Dielen rollen weiter und werden von Geisterhand, einem Stapelroboter, zu einem Turm, fast wie die Wolkenkratzer in Dubai, gestapelt. Jetzt folgt die Garschleife in der die Teiglinge auf Trab gebracht werden. Schließlich sollen sie auf dreiviertel Gare gebracht werden.
Nach diesem „Aufbegären“ wandern die Dielenstapel in die tiefkalte Polarnacht, dem Frostertunnel. Hier heißt es Abschied nehmen vom milden europäischen Klima. Auf plus 3° C werden die Teiglinge gekühlt. Kein Eisbär, kein Pinguin, nur Teiglinge und am Ende des Tunnels ein Bäcker. Brrr ...
Dieser Bäcker nimmt die Stapel freundlich in Empfang und befördert die Dielen in Transportcontainer und ins Kühllager. Hier halten die Rohlinge einen wohlverdienten Winterschlaf. Böse Zungen behaupten, die Teiglinge schnarchen. Das stimmt aber natürlich nicht. Ein Brötchen schnarcht nicht,

es träumt nur vom schön gedeckten Frühstückstisch. Zum Abschluss kommen die Teiglinge nach wild verwegener Fahrt in die Filialen und werden dort für sie goldbraun und rösch 18 Minuten lang gebacken.

Vollkornbrötchen

Rezept von Werner Scholten,
erster Bäckermeister in der Aumühle, aus Moers

Stück	**10**	**20**
Wasser	*0,350*	*0,700*
Weizenvollkornmehl	*0,500*	*1,000*
Weizenvorteig	*0,100*	*0,200*
Rapsöl	*0,050*	*0,100*
Hefe	*0,030*	*0,060*
Zucker	*0,050*	*0,100*
Salz	*0,015*	*0,030*
Teig	***1,095***	***2,190***

Alle Zutaten ca. 12 Min. lang zu einem lockeren wolligen Teig kneten, danach bekommt der Vollkornteig eine 30-minütige Teigruhe.
Dann wird der Teig in ca. 100 g schwere Teigstücke geteilt, rund gerollt, in Vollkornmehl gewälzt und auf mit Backpapier belegte Backbleche gelegt und ca. 30 Min. in einer Feucht- Warmen Umgebung gelagert.
Vor dem Backen werden die Teiglinge über Kreuz eingeschnitten.
Bei einer Temperatur von ca. 235° C werden die Teiglinge 23 Min. lang goldbraun gebacken.

Weizenvorteig: Der Weizenvorteig wird mit 60 g Vollkornmehl und 40 g Wasser am Vortag angerührt, zugedeckt und bei Zimmertemperatur gelagert. Er bringt Geschmack und Stabilität in den Teig. Die oben geschilderte Herstellungsweise beschreibt für Sie die

Arbeitsweise in kleinen Handwerksbetrieben oder für Sie zu Hause. Wenn Sie mit dem Nachbacken erfolgreich sind, können Sie sich ja wie unten beschrieben an größere Produktionen wagen.

Hier die maschinelle Produktion von Vollkornbrötchen, Roggenbrötchen, Kürbiskernbrötchen, Dreikornbrötchen usw.:
Kernig, körnig, frisch. Das ist der Leitspruch der Körnerbrötchen-Abteilung. Kernig früh fängt schon der Arbeitstag, um 4:00 Uhr, der Mitarbeiter in dieser Spezialabteilung. Mit Frauenpower geht es bei der Teigbereitung los. Es gibt natürlich auch Bäcker-Gesellinnen und Meisterinnen.
Fluchs sind die Rohstoffe für die verschiedenen Teige verwogen und mit den Quellstücken des Vortages im Kessel vereint. Quellstücke sind vor verquollene Schrote oder Ölsaaten, welche mit Wasser aufgequollen werden. Dann lassen die Frauen es krachen. Sie mischen die erlesenen Zutaten auf und verpassen ihnen eine intensivere Knetung. Mit einer gewaltigen Hebefigur, unter Mithilfe des Hebekippers, befördern sie den fertigen Teig in die Aufarbeitungsanlage.

Auf die Plätze fertig los. Heute sind es **Kürbiskernbrötchen**.

Na super, die Teigaufbereitung beginnt mit dem Anlagenteil Relaxer.
Hier wird der Spezialteig mit einem leichten Fettfilm versehen, schonend auf einem fortlaufenden Band unter ständigem Klopfen zu einem gleichmäßig breiten und dicken Strang geformt. Nach dieser Walkingstrecke wird es hart. Der Teigstrang legt sich rücklings auf ein Folgeband und wird mit einer Walze in sechs gleichstarke Stränge geteilt und läuft spreizender Weise weiter in sein Unglück, zur Guillotine. Hier werden die sechs Teig-

stränge quer geteilt und als rechteckiges Kürbiskernteigstück läuft es seiner Vollendung entgegen.
Kernig wie die Brötchen nun einmal sind, bekommen sie eine Kneipp-Kur in Form eines kalten Wasserbades an der Unterseite.
Weiter fällt das Brötchen auf die Nase und auf seine nasse Seite prasselt eine Mohn-Sesam-Mischung herab. Diese wird mit einer Walze feste angedrückt.
Die Kameraden wandern weiter auf dem Band und setzen sich ab auf Dielen. Nun geht es weiter zu einer Art Moorbad. Das Moorbad besteht aus einem kleistrigen Papp aus Reismehl, Röstbrotmehl, Weizenpuder und Wasser, wohin die Teigstücke von den eifrigen Mitarbeitern hineinbefördert werden. Der Papp ist dafür da, damit die Kürbiskerne an den Teiglingen richtig haften bleiben. Dieser Papp, auch Tigermix genannt, erzeugt einen sehr guten Geschmack.
Mehrere freundliche Mitarbeiter legen nun die Kürbiskernbrötchen sanft auf Dielen ab. Sie verschwinden in die Spezialbrötchensauna, dem Gärraum, wo die Teiglinge bei ca. 30° C Lufttemperatur und 75% Luftfeuchte anspringen sollen. Nicht der Bäcker wird angesprungen, sondern die Hefe wird tätig, springt also an und vergrößert das Volumen der Rohlinge.
Danach werden die Rohlinge im Froster gelagert und in den Nachtstunden von emsigen Verteilern an die Geschäfte kommissioniert.

Nachdem die Fahrer die Teiglinge aus ihrer kühlen Umgebung in die Filialen befördert haben, nehmen sich die Verkäuferinnen diese zur Brust und backen kernige, goldgelbe leckere Wonneproppen daraus.

Osterlämmer

Rezept von 1998, Bäckerei Windeck, Ratingen

Teig:		
Weizenmehl	*0,050*	*0,100*
Zucker	*0,075*	*0,150*
Butter	*0,075*	*0,150*
Eier	*0,050*	*0,100*
Vanillezucker	*0,005*	*0,010*
Milch	*0,035*	*0,075*
Backpulver	*0,005*	*0,010*
Salz	*0,005*	*0,010*
Marzipan	*0,050*	*0,100*
Mandeln, gehackt	*0,025*	*0,050*
Vanille/Zitrone	*0,005*	*0,010*
Schokotropfen	*0,025*	*0,050*
Teig:	*0,455*	*0,910*
Dekor:		
Butter	*0,050*	*0,100*
Zucker	*0,100*	*0,200*
Puderzucker	*0,050*	*0,100*

Eier und die Butter mit einem Knetharken schaumig rühren.
Alle Zutaten rasch zu einem glatten Teig verrühren.
Die Masse in die leicht gefetteten Formen geben und bei 180° C Grad 45 Min. backen.
Nach dem Backen mit der aufgelösten Butter bestreichen, in Zucker rollen und mit Puderzucker abstauben.
Zwei Osterlammformen habe ich Heiligabend günstig im Internet ersteigert.
Super Zeitpunkt, passte natürlich zum Fest.
Wer braucht Osterlämmer schon zu Weihnachten?

Sandkuchen

Hier ein altes Sandkuchenrezept von der Bäckerei Voss Obermann vom Kreuzfeld in Mülheim. Heinrich Voß, geboren 1898

Zutaten:

3 Pf. Helles Mehl

1 Pf. Staubzucker

1 Pf. Butter

8 Eier

10 g Weinsteinsäure oder Backpulver, Vanillearoma

Fett und Zucker schaumig rühren, Weinsteinsäure oder Backpulver unter das Mehl sieben und mit der Milch zu einer luftigen Masse rühren. Die Masse in gefettete und melierte Formen geben und ca. 45 Minuten bei 180° C backen. Nach dem Backen etwas erkalten lassen und mit Puderzucker abstauben

Heinz Obermann und Opa H. Voß

Rechnung von 1872, von der Fa. Friedr. Küppers, unter anderem über Vanillearoma

DESTILLERIE,
LIQUEUR- & BRANDWEIN-HANDLUNG.

Mülheim a.d. Ruhr, den 26 Septbr 1872

Auszug für Herrn Ernst Obertüschen Hier

von Friedr. Küppers.

				Soll			Haben		
Juni	14	An	Vanille	3	11	9			
Juli	13	"	Pfeffermünz	6	19	6			
August	12	"	Wermuth	5	23	5			
"	23	"	Boonekamp	5	23	3			
Septbr	16	"	Pfeffermünz	12	25	8			
"	21	"	Cognac	5	12	–			
				7 39	20	7			

Betrag erhalten

den 4 October 1872 Fr Küppers

Käsekuchen

Ein Rezept aus dem Jahre 1928, Fa. Wigo, gebacken von W. Winkel 1937. Merinkenpulver gibt es nicht mehr bei der Fa. Wigo. Das Produkt war ein Eiweißpulver. Sie können auch 700 g Eiweiß anstelle von Merinkenpulver nehmen.

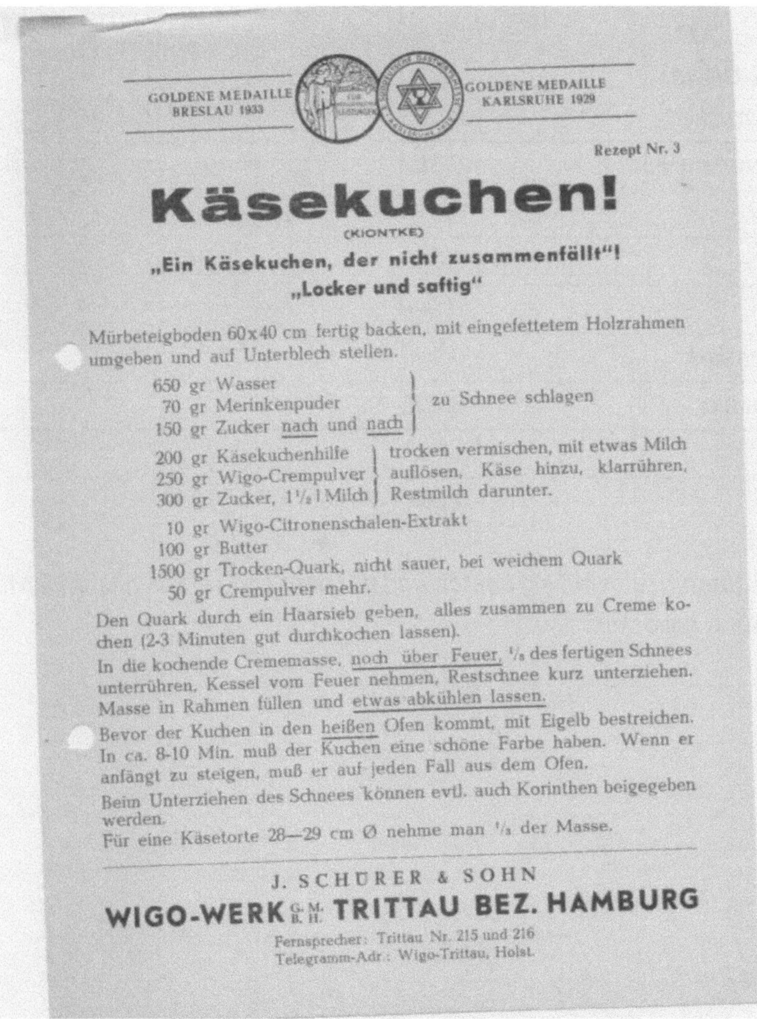

GOLDENE MEDAILLE BRESLAU 1933

GOLDENE MEDAILLE KARLSRUHE 1929

Rezept Nr. 3

Käsekuchen!

(KIONTKE)

„Ein Käsekuchen, der nicht zusammenfällt"!

„Locker und saftig"

Mürbeteigboden 60x40 cm fertig backen, mit eingefettetem Holzrahmen umgeben und auf Unterblech stellen.

650 gr Wasser
70 gr Merinkenpuder
150 gr Zucker nach und nach
} zu Schnee schlagen

200 gr Käsekuchenhilfe
250 gr Wigo-Crempulver
300 gr Zucker, 1½ l Milch
} trocken vermischen, mit etwas Milch auflösen, Käse hinzu, klarrühren, Restmilch darunter.

10 gr Wigo-Citronenschalen-Extrakt
100 gr Butter
1500 gr Trocken-Quark, nicht sauer, bei weichem Quark
50 gr Crempulver mehr.

Den Quark durch ein Haarsieb geben, alles zusammen zu Creme kochen (2-3 Minuten gut durchkochen lassen).
In die kochende Crememasse, noch über Feuer, ⅓ des fertigen Schnees unterrühren, Kessel vom Feuer nehmen, Restschnee kurz unterziehen. Masse in Rahmen füllen und etwas abkühlen lassen.
Bevor der Kuchen in den heißen Ofen kommt, mit Eigelb bestreichen. In ca. 8-10 Min. muß der Kuchen eine schöne Farbe haben. Wenn er anfängt zu steigen, muß er auf jeden Fall aus dem Ofen.
Beim Unterziehen des Schnees können evtl. auch Korinthen beigegeben werden.
Für eine Käsetorte 28—29 cm Ø nehme man ⅓ der Masse.

J. SCHÜRER & SOHN

WIGO-WERK G.M.B.H. TRITTAU BEZ. HAMBURG

Fernsprecher: Trittau Nr. 215 und 216
Telegramm-Adr.: Wigo-Trittau, Holst.

Kaasaploatz

Dieses alte Familienrezept stammt von Rosemarie Lenz aus Oberösterreich und wurde um 1910 von ihr aufgeschrieben. Über ihren Sohn, der in Moers und Umgebung beruflich tätig war, kam das Rezept 2014 nach Moers in die Backstube der Aumühle, eine Mühle gibt es dort seit 1591.

Ring 1

Quark-Ölteig:

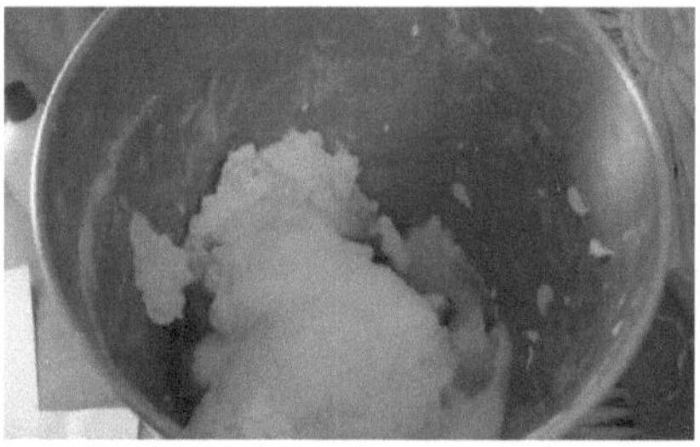

Vanillezucker	*0,005*
Weizenmehl, 550	*0,300*
Zucker	*0,075*
Speiseöl	*0,060*
Milch	*0,060*
Speisequark	*0,150*
Backpulver	*0,015*
Salz	*0,003*
Teig:	***0,668***

Alle Zutaten zu einem Teig kneten und auf den Ring verteilen und 15 Min. bei 180° C anbacken.

Masse:

Schichtkäse	*0,850*
Eier	*0,150*
Vanillezucker	*0,010*
Sahnesteif	*0,010*
Sahne	*0,250*
Butter	*0,100*
Gelatine	*0,020*
Rosinen	*0,150*
Zucker	*0,150*
Salz	*0,005*
Gesamt:	***2,363***

Die Gelatine ca. 30 Min. in dem Zitronensaft einweichen.
Die Sahne aufschlagen. Die Eier aufschlagen und alle Zutaten verrühren.
Zum Schluss die gewaschenen Rosinen unterheben.
Zu guter Letzt die Eier für die Decke aufschlagen und mit den restlichen Zutaten verrühren und auf die Masse aufstreichen.

Decke:

Vollei	*0,050*
Vanillezucker	*0,010*
Sahne	*0,030*
Zimt	*0,010*
Gesamt:	***2,483***

70 - 75 Min. bei ca. 180° C backen

Spritzgebäck

nach dem Rezept der Familie Gering und der Bäckerei Voß, von ca. 1915

2 Pf. und 200 g Butter
2 Pf. und 100g Puderzucker
4 Eier
4 Pf. Mehl
½ l Milch

Dieses Rezept von Mieze Gering, 1915 aufgeschrieben, ist mit dem Rezept der Bäckerei Voß Obermann aus der gleichen Zeit fast identisch.
Butter und Zucker werden schaumig gerührt, die Eier werden untergerührt und Mehl und Milch werden eingearbeitet.
Die fertige Masse wird in einen Spritzbeutel mit einer großen Sterntülle gefüllt. Die Masse wurde früher auf melierte Bleche, heute auf Bleche mit Backpapier dressiert.
Auf dem nachfolgenden Bild sehen Sie neben anderem auch die Kopie des alten Rezeptes.

Spekulatius

1915 wurden diese Hausrezepte von **Mieze Gering** aus Speldorf aufgeschrieben. Sie sind schwer zu entziffern, aber es handelt sich um ein Spekulatiusrezept, um Butterplätzchen, Zimtgebäck und Spritzgebäck. Den Zutaten zu beurteilen waren diese Rezepte schon sehr hochwertig.

Rezepte von 1915

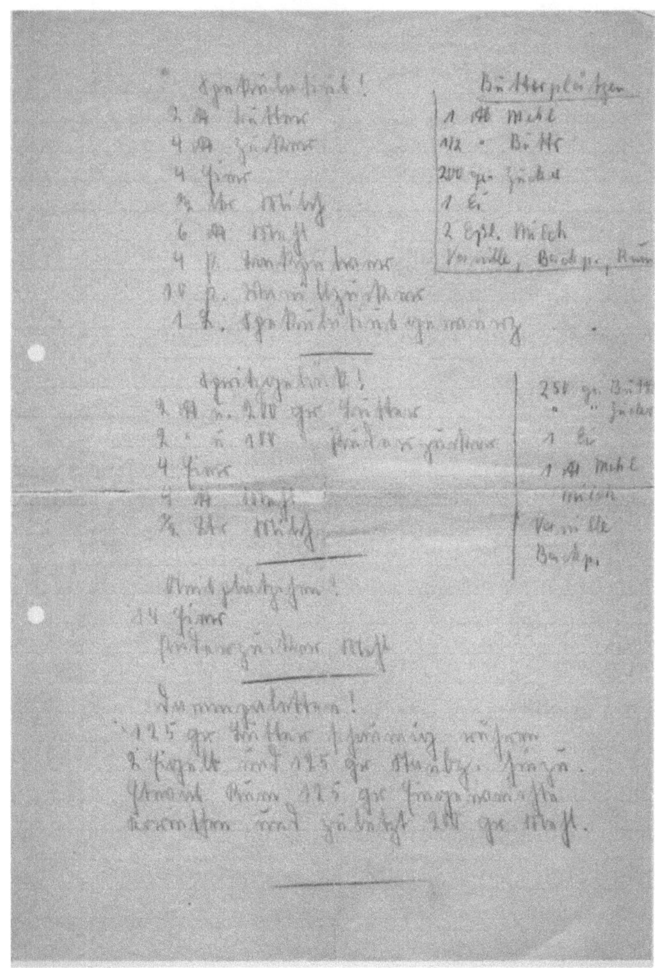

Das obige Spekulatiusrezept hier noch einmal zum Nachbacken:

2 Pf. Butter
4 Pf. Zucker
4 Eier
½ L. Milch
6 Pf. Weizenmehl
10 g Vanillezucker
1 Löffel Spekulatiusgewürz
4 g Backpulver

Butter und Zucker glatt gearbeitet rühren, danach die Eier mit dem Vanillezucker und dem Spekulatiusgewürz unterrühren. Zum Schluss das unter das Mehl gesiebte Backpulver und das Mehl zu einem festen Teig kurz kneten. Den Teig über Nacht kühlstellen und reifen lassen.

Am nächsten Tag den Teig nochmal kurz kneten und lang formen. In die Spekulatiusbretter ganz feines Kartoffelpuder (vom Bäcker) streuen und den Teig feste in das geschnitzte Brett drücken. Jetzt mit einem scharfen Messer oder mit einer Gitarrensaite dicht über dem Brett den Teig abschneiden. Dann wird das Spekulatiusbrett ganz kräftig auf den Tisch ausgeschlagen und die Spekulatiusfigur sollte herausfallen.

Die Figuren legt man nun auf ein Backblech mit Backpapier und streicht die Figuren mit Milch ab.

Nun ab in den auf 180° C vorgeheizten Backofen schieben und ca. 11 - 18 Min. hellbraun abbacken. Die Backzeit richtet nach der Größe der Figuren. Damit alle gleich gebacken werden, sollten die Figuren auf einem Blech alle die gleiche Größe haben.

Alte Spekulatiusbretter erkennt man daran, dass sie immer von beiden Seiten filigran geschnitzte Figuren haben und aus Hartholz, also aus Buche

oder Eiche, geschnitzt sind. Früher sind diese Holzschnitzer übers Land gezogen und haben ihre Spekulatiusbretter den Bäckern angeboten.
Ich habe alte Bretter aus Duisburg und die fast gleichen geschnitzten Figuren aus Ratingen erwerben können. Vereinzelt haben die Holzschnitzer die Bretter sogar signiert.

Die Spekulatiusgewürz-Mischung ist ein Geheimnis eines jeden Bäckers und ist neben dem richtigen Backen entscheidend für den Geschmack und damit für den Erfolg des Gebäcks.

Die folgenden Gewürze sind in unterschiedlichen Zusammenstellungen in Spekulatiusgewürzmischungen enthalten:

- Zimt
- Piment
- Gewürznelken
- Muskatnuss
- Vanille
- Fenchel
- Kardamom
- und Koriander.

Christstollen

von Klaus Salewski, Wattenscheid

Christstollen sind ein ab dem späten Mittelalter bekanntes Festtagsgebäck, welches sich anfangs nur hochgestellte Persönlichkeiten aus Adel und Klerus schmecken ließen. Bekannt sind die **Dresdener Christstollen**, welche nur in Dresden und 12 benachbarten Orten unter diesem Namen angeboten werden dürfen.

Christstollen müssen mindestens 30 % Butter enthalten und freigeschoben auf Blechen gebacken sein.

Das untere Rezept hat einen Butteranteil von ca. 70 % und kann nur in Kästen gebacken werden. Das Rezept ist von Klaus Salewski, einem Weihnachtsgebäckfreak aus Wattenscheid. Das Rezept ist noch nicht so alt in dieser Konstellation, aber Hefeteigrezepte aus den fünfziger Jahren hatten schon Backpulver als Zugabe, um die Hefe in den schweren (fett- und zuckerhaltigen) Teigen zu unterstützen.

Christstollen:	***7***	***14***
Teig:		
Weizenmehl, Type 550	*0,375*	*0,750*
Butter, flüssig	*0,250*	*0,500*
Zucker	*0,125*	*0,250*
Quark	*0,125*	*0,250*
Vollei	*0,050*	*0,100*
Backpulver	*0,010*	*0,020*
Salz	*0,005*	*0,010*
Stollengewürz	*0,010*	*0,020*
Früchte und Gewürze:		
Orangeat, fein gew.	*0,100*	*0,200*
Mandeln, gehackt	*0,175*	*0,350*
Rum	*0,100*	*0,200*
Rosinen	*0,250*	*0,500*
Zitronat, fein gew.	*0,100*	*0,200*
Bittermandel, Aroma	*0,003*	*0,006*
Anis	*0,003*	*0,006*
Muskat, gerieben	*0,003*	*0,006*
Vanille/Zitrone	*0,005*	*0,010*
Dekor:		
Butter	*0,065*	*0,130*
Zucker	*0,125*	*0,250*
Puderzucker	*0,100*	*0,200*
Teig:	***1,690***	***3,380***

Früchte mit dem Rum am Vortag einweichen. Alle Zutaten zu einem Teig kneten, die aufgelöste Butter unterarbeiten zum Schluss die Früchte vorsichtig unterkneten. 250 g-Stücke abwiegen, länglich formen und in kleine gefettete Kästen legen. Bei 180° C ca. 40 Min. backen. Nach dem Backen die Stollen mit der aufgelösten Butter 3 mal abstreichen, in Zucker rollen und mit Puderzucker abstauben.

Christstollen **nach einem Rezept von meinem Opa Heinrich Strake,**
Bäckermeister von 1908 bis 1914 in Ahlen in Westf. Von 1914 bis 1918 Soldat im ersten Weltkrieg in Belgien und Frankreich.
Danach Fahrdienstleiter bei der Straßenbahn in Oberhausen.

Stück	***4***	
Ansatz:		
Weizenmehl, Type 550	*0,310*	*0,625*
Hefe	*0,050*	*0,100*
Milch, warm	*0,240*	*0,480*

Alle Zutaten zu einem Teig kneten und ca. eine halbe Std. warm und zugedeckt lagern.

Teig:		
Weizenmehl, Type 550	*0,400*	*0,800*
Butter	*0,400*	*0,800*
Zucker	*0,150*	*0,300*
Marzipan	*0,030*	*0,060*
Backpulver	*0,012*	*0,024*
Salz	*0,010*	*0,020*
Zimt	*0,005*	*0,010*
Anis	*0,003*	*0,006*
Muskat, gerieben	*0,002*	*0,004*
Vanille/Zitrone	*0,005*	*0,010*
Stollengewürz	*0,010*	*0,020*

Alle Zutaten mit dem Ansatz zu einem Teig kneten

Früchte und Gewürze:		
Orangeat, fein gew.	*0,065*	*0,125*
Mandeln, gehackt	*0,150*	*0,300*
Rum	*0,050*	*0,100*
Rosinen	*0,450*	*0,900*
Zitronat, fein gew.	*0,075*	*0,150*

Die Früchte am Vortag mit dem Rum einweichen und zum Schluss kurz unter den Teig kneten. Den Teig in 600 g-Stücke teilen und zu einem Stollen formen. Die Christstollen ca. 40 Min. auf Gare ruhen lassen und bei 180° C im vorgeheizten Backofen ca. 50 Min. backen. Nach dem Backen die Stollen dreimal mit der aufgelösten Butter abstreichen, in dem Zucker rollen und mit Puderzucker abstauben, besser gesagt bestauben. Abstauben geht anders.

Dekor:		
Butter	*0,030*	*0,060*
Zucker	*0,060*	*0,125*
Puderzucker	*0,050*	*0,100*

Christstollen halten sich mehrere Monate und bringen erst nach einer Lagerzeit von wenigstens 14 Tage ihr volles Aroma.

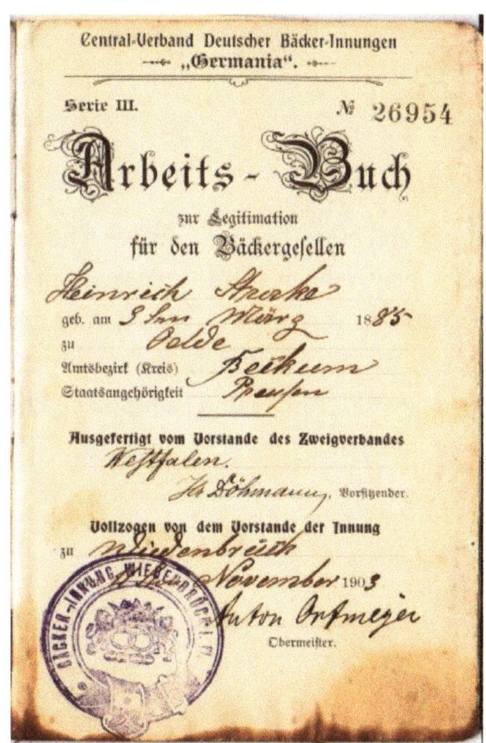

Central-Verband Deutscher Bäcker-Innungen
„Germania".

Serie III. № 26954

Arbeits-Buch

zur Legitimation
für den Bäckergesellen

Heinrich [illegible]
geb. am 9ten März 1885
zu Oelde
Amtsbezirk (Kreis) Beckum
Staatsangehörigkeit Preußen

Ausgefertigt vom Vorstande des Zweigverbandes
Westfalen.
[illegible], Vorsitzender.

Vollzogen von dem Vorstande der Innung
zu Wiedenbrück
[illegible] November 1903
Anton Ortmeyer
Obermeister.

Makronen

Rezept von 1929 Fa. Wigo, W. Winkel 1937

WIGO-EDEL-FABRIKATE
WIGO

Rezept Nr. 17

KOKOS-MAKRONEN

(„Kokosberge")

1½ Pfd. Kokosraspel, mittel und fein
3 „ Zucker, feinen Kristall
90 gr Makomix-Eiweiß mit ¾ Ltr. Wasser auflösen
Einige Tropfen „Wigo-Vanille"

Diese Zutaten zusammenmengen und auf mäßigem Feuer unter stetem Rühren bis vor's Kochen bringen (abrösten).
Die Masse etwas kalt rühren und beliebige Größen auf gefettete und gemehlte Bleche dressieren. In mäßiger Hitze backen, bei halb offenem Zug.

J. Schürer & Sohn

Wigo-Werk G. m. b. H. Trittau Bez. Hamburg

Ruf: Sammelnummer Trittau 215

Hier ein Makronenrezept von einer Zulieferfirma, welche seit 1922 Rohstoffe für Konditoreien und Bäckereien in Trittau bei Hamburg herstellte.
Ich vergesse nie den Vertreter von der Fa. Wigo, den Konditormeister Herr Eggen aus Essen Werden, der einmal im Jahr bei uns in den sechziger Jahren, einen ganzen Tag lang Pfeffernüsse und Honigkuchen herstellte.
Den Geruch habe ich heute noch in der Nase.

Amerikaner

Man denkt immer, der Name Amerikaner für die flachen Gebäckscheiben mit Zuckerguss stammt vom Kontingent Amerika. Das ist aber falsch. Der Name kommt vom Lockerungsmittel Ammonium. Mit Ammonium oder ABC-Trieb oder auch Hirschhornsalz wurde früher die Amerikanermasse gelockert. Hirschhornsalz hat einen sehr starken Ammoniak-Geruch und wurde deshalb ab den sechziger Jahren durch Backpulver ersetzt. Ich habe einmal in Bochum in einer großen Bäckerei gearbeitet und die hat noch bis ins zweite Jahrtausend Amerikaner nach alter Tradition mit ABC-Trieb gebacken – und zwar mit riesigem Erfolg. Die Backstube roch immer zwei Tage stark nach Ammonium.

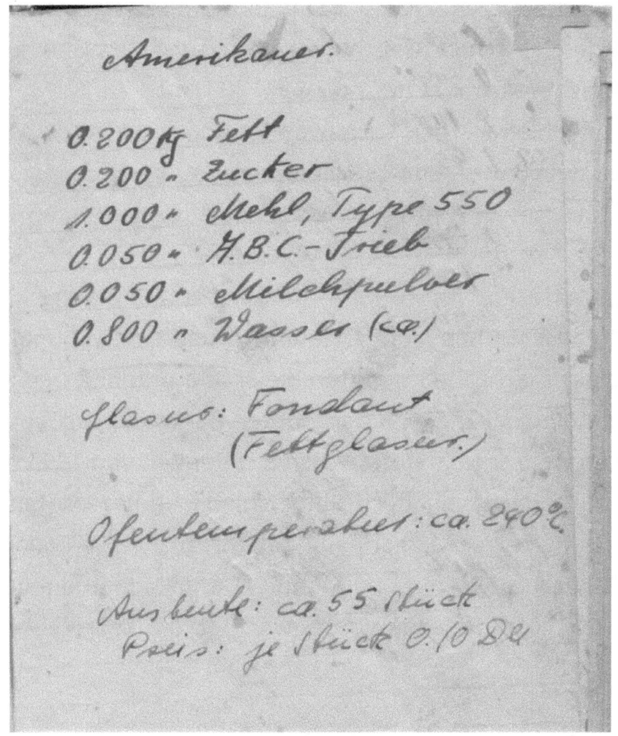

Amerikaner:

0.200 kg Fett
0.200 " Zucker
1.000 " Mehl, Type 550
0.050 " A.B.C.-Trieb
0.050 " Milchpulver
0.800 " Wasser (ca.)

Glasur: Fondant
(Fettglasur.)

Ofentemperatur: ca. 240°C.

Ausbeute: ca. 55 Stück
Preis: je Stück 0.10 DM

1953, A. Döbbe

Ein Rezept von der Bäckerei Voß-Obermann von 1920,

2 Pf. Helles Mehl
400 g Zucker
200 g Butter
2 Eier
45 g Hirschhornsalz
etwas Vanille und Salz

Butter, Aromen und Zucker schaumig rühren, Eier unterrühren und das Mehl mit dem untergesiebten Hirschhornsalz verrühren. Diese Masse in einen Spritzbeutel mit einer runden 10er Tülle füllen und auf Backpapier große Tupfen dressieren. Früher hat man die Bleche gefettet und meliert, was neben dem Hirschhornsalz auch zum besonderen Geschmack beitrug. Die Amerikaner backen nun bei 180° C ca. 20 Min.
Nach dem Abkühlen werden sie gewendet und mit einer **Eiweißglasur, bestehend aus zwei Eiweiß und 250 g Puderzucker bestrichen.**
Mit einem Tafelmesser glatt bestreichen und absteifen lassen.

Das Amerikanerrezept von Anton Döbbe hat er 1953 aufgeschrieben. Wie das Rezept hat A. Döbbe klein angefangen und sich 1966 mit seiner Frau selbstständig gemacht. Heute führen die Söhne Antonius und Ralf die größte Bäckerei Mülheims und eine der größten Bäckereien im westlichen Ruhrgebiet. Witzig ist in seinem Rezeptbuch aus der Zeit von 1953 bis 1958, dass es preislich und damit inhaltlich unterschiedliche Rezepte gab. Da gab es den Stollen mit weniger Margarine und mehr, zu 1,75 DM oder 2,50 DM. Es gab viele Gebäcke zu 10 oder 20 Pfennig. Daran sieht man, dass der Weltkrieg noch gar nicht so lange vorbei war und die Leute aufs Geld achten mussten.

Zwieback

Der Name Zwieback besagt schon, dass das Gebäck zweimal gebacken wurde. Ein normaler Hefeteig wird in Strängen gebacken und nach dem auskühlen in Scheiben geschnitten und von beiden Seiten im Ofen geröstet. Da der Zwieback dadurch wenig Feuchtigkeit enthält, ist er lange haltbar und lässt sich daher gut bevorraten. (Schiffszwieback)

Oft wurde der Zwieback auch mit Zuckerguss oder mit Kokos überzogen. Mit den Überzügen wurde der Zwieback noch einmal kurz gebacken.
Für Kinder und Kranke ist der Zwieback sehr bekömmlich und nicht nur um 1900, wie in der Anzeige von Louis Speckmann, sondern auch heute noch, allerdings fast nur aus industrieller Produktion im Handel.
(Brandt Zwieback, Hagen usw.)

Kokosnussmasse: Eiweiß von vier Eiern trennen und zu Eischnee schlagen. 200 g Zucker darunter rühren etwas Bittermandel und Zimt, sowie 200 g Kokosraspeln zusammen verrühren. Mit einem Tafelmesser diese Masse auf dem Zwieback aufstreichen und nochmal goldgelb backen.

Eiweißglasur: Eiweiß von zwei Eiern trennen und mit 250 g Puderzucker verrühren. Alternativ etwas Kakao dazu geben und diese Schokomasse mit einem Tafelmesser auf den Zwieback aufstreichen und trocknen lassen.

Hefeteig für Zwieback von 1965

Weizenmehl, Type 550	*700 g*
Zucker	*100 g*
Margarine	*70 g*
Vollmilch	*120 g*
Hefe	*50 g*
Salz	*15 g*
Wasser	*180 g*
Vollei	*50 g*
Teig:	***1325 g***

Zutaten ca. 10 Min. zu einem Teig kneten. 30 Min. Teigruhe einhalten.
Teigstücke oder Stränge abwiegen und formen. Teiglinge ca. 40 Min. auf Stückgare warm und etwas feucht stellen.
Vor dem Backen mit Ei gut abstreichen. Je nach Teigstranggröße ca. 20 bis 25 Min. bei einer Temperatur von 190° C backen.

Pumänner

Vorne weg sollte erst einmal geklärt werden, was ist ein Pumann, wo kommt er her, wie kommt man an ihn heran und wie sieht er aus.

Am Anfang stehen also viele Fragen, welche wir hier gerne beantworten wollen und so zur Aufklärung über den echten Pumann und zu seiner Rettung beitragen wollen.

Also, Pumänner gibt es nur in Mülheim an der Ruhr und sonst nirgends auf der Welt. Sie sind ein uraltes Traditionsgebäck, ein Gebildegebäck, welches in der Adventszeit aus einem lockeren Hefeteig von Bäckern und Konditoren hergestellt wird. Schon in der Reformationszeit hörte man hier von Pumännern.

Folgende Begebenheit erzählten sich alte Mülheimer über Heinrich Hermann Becker, 1826 geboren und 1900 verstorben – der spätere „hollainsche Bäcker“ – zu Lebzeiten ein Mülheimer Original sowie bekannt für seine Taten und Anekdoten.

Es war in jungen Jahren, als Hermann Becker in der Weihnachtszeit von seinem Heimaturlaub 1846, zum Militärdienst zurückkehrte und Pumänner als Mitbringsel seinen Kameraden vor die Spinde stellte. In diesem Augenblick stand sein Hauptmann hinter Hermann und erfragte sein Tun.

Hermann Becker antwortete ganz perplex: „Alle Hauptmänner zum Spind- und Stubenapell angetreten, Herr Pumann.“ So war der Name geboren!

Pumänner werden an Kinder zu Sankt Martin, zu Nikolaus oder auch sonst in der Adventszeit verschenkt.

In anderen Nachbarorten wie Essen, Oberhausen, Duisburg oder Kettwig gibt es Weckmänner oder Stutenkerle, aber eben keine Pumänner. In Essen zum Beispiel hat man versucht, die Kinder mit Martinsbrezeln zu erfreuen. Aber eine schnöde Martinsbrezel ist nun mal kein Pumann.

Als ich 1974 in Essen meine erste Meisterstelle angetreten habe, sagte man mir, dass wir übernächste Woche mit der Herstellung von Martinsbrezeln beginnen werden. Martinsbrezel kannte ich aus Mülheim, nur 10 km entfernt, nicht. Aber schnell wurde mir klar, dass es sich dabei um ganz gewöhnliche Hefeteigbrezel handelte. Also ein großer Name und viel Luft. Nebenbei streiten sich die Germanisten und Wissenschaftler ob man den Pumann mit „h“ also Puhmann, oder ohne „h“ Pumann schreibt. Aber ich glaube, das Problem wurde schon 1521 auf dem Reichstag zu Worms unter Kaiser Karl dem 5. behoben. Leider sind die Urkunden verschollen.

Wie entsteht nun aus der erzieherischen Hand des Bäckers oder Konditors der Pumann? Wir Bäcker haben da keine Geheimnisse.
Es beginnt damit, dass die Zutaten:

700 g helles Weizenmehl,

120 g Milch,

180 g Wasser,

100 g Zucker,

70 g Fett,

50 g Hefe und

15 g Salz

gewogen und mit viel Liebe und Gefühl zu einem wohltemperierten Teig geknetet werden.
Nach einer ca. halbstündigen Ruhezeit, in der der Teig so vor sich hindöst und die Hefe ihre ganze Triebkraft entfaltet – das ist nichts Anstößiges – geht es zur Formvollendung und Lockerung des Teiges.
Der Teig wird in gleichgroße Teigstücke geteilt und rundgewirkt. Also in jeder Hand ein Teigstück, denn man ist ja mit zwei Händen und Armen angestellt und wird für beide Hände Arbeit bezahlt. Diese Teigstücke werden nun rundgewirkt, stamm und glatt, ohne Falten. Falten bekommt man nicht mehr weg, auch mit Faltencreme nicht.

Nun kommt die künstlerische Ader des Bäckers ins Spiel. Nach einer mentalen Einstimmung mit Humperdincks Musik aus Hänsel und Gretel oder Rolf Zuckowskis Weihnachtsbäckerei geht es los.

Der Teigling wird gefühlvoll lang gerollt, dann wird die linke Hand hochkant gehalten und mit gleichzeitigem Rollen der flachen rechten Hand wird aus dem länglichen Teigstück ein Kegel geformt. Dies ist die Variante für Rechtshänder. Für Linkshänder dreht man den Tisch um 180° oder wechselt die Seite.

Drückt man mit der Handkante den Teig zu feste, wird der zukünftige Pumann kopflos. Man muss auch ein gutes Augenmaß haben, um den Kopf nicht zu dick oder zu dünn geraten zu lassen. Ich habe schon Formen gesehen, wo der Kopf dicker war als der ganze Rumpf oder so klein, dass keine Rosinenaugen mehr Platz hatten. Nachdem dieses Formen erfolgreich funktioniert hat müssen die Kegel sich erst wieder von dieser strapaziösen Formgebung erholen. Die Hefe lässt die Teiglinge aufgehen, sie werden rundlich vollschlank, um nicht dick zu sagen ...

Nach dieser Ruhezeit greift man dem Pumann mit der linken Hand an den Hals – nicht würgen – und drückt den unteren Rumpf platt. Damit der Pumann keinen welligen Waschbrettbauch und Wabbelbeine hat, wird der Teig noch mit einem kleinen Rollholz flach gerollt. Jetzt sieht er aus wie ein Schlossgespenst.

Nun wird es brutal. Wie ein Operator im Operationssaal drückt der Bäcker mit der linken Hand dem Pumann kräftig auf die Brust, damit er auf dem OP-Blech nicht herumrutscht und ruhig liegen bleibt.

Mit der rechten Hand, in der der Bäcker ein scharfes Messer hält, schneidet er blitzschnell von Mitte Teigstück bis zum Ende die Beine. Schneidet man zu langsam bleibt das Messer stecken und der Teig franzt aus. Schneidet man zu heftig, trifft man den unten liegenden Pumann und spaltet seinen Kopf. Diese Teigbeine müssen noch langgezogen und gespreizt werden. Nun kommen die Arme dran. Der Bäcker hält dem Pumann die Augen zu, damit er die OP nicht weiter verfolgen kann.

Quatsch, er hat ja noch gar keine Augen, die Rosinen kommen später hinzu. Aber der Bäcker tut so, er hält sie zu. Nun schneidet er ruckzuck rechts und links die Arme, lässt das Messer fallen und reißt die Arme an den Achseln extrem nach oben, dass sie bis zu den imaginären Ohren reichen. Das muss so sein, denn der Hefeteig zieht sich immer wieder zusammen und dann sehen die Arme mickrig aus und kleben wieder an einander. Er soll ja einen

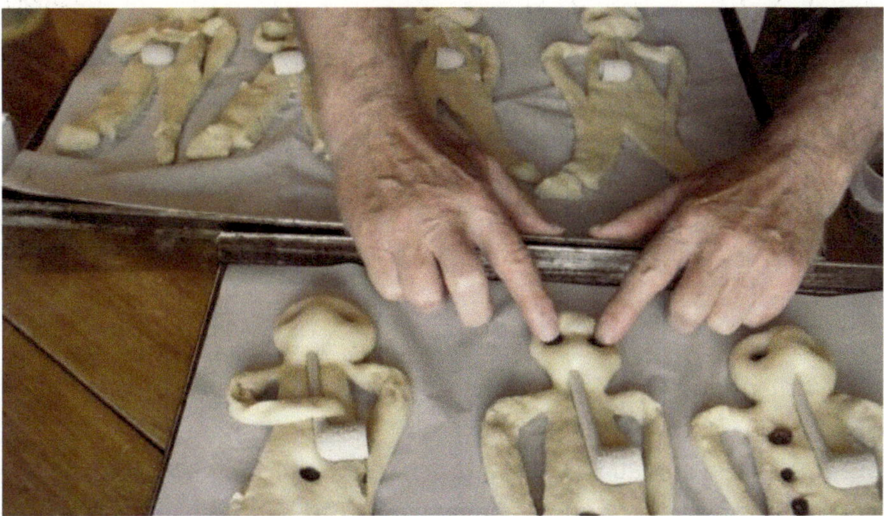

Oberkörper wie Arnold Schwarzenegger und eine Taille wie Rainer Calmund haben.

In Mülheim gab es mal einen Bäckermeister im Dichterviertel, der wurde „Pumann Hoffmann" genannt. Er war klein, dick und breit – eben genau so, wie ein Pumann aussehen sollte. Heute ist dort Walter Lübben als Bäckermeister beheimatet.

Unser Pumann ist aber noch nicht fertig. Jetzt kommen die Rosinenaugen. Sie werden ganz feste bis aufs Backblech eingedrückt. Wenn die Rosinen nicht fest genug eingedrückt werden, drückt der aufgehende Teig sie heraus und ein einäugiger oder ganz blinder Pumann ist nicht akzeptabel und müsste in die Augenklinik, zum Nachbessern.

Ich habe große Bäckereien erlebt, die aus produktionszeitlichen Kostengründen keine Rosinenaugen in ihre Pumänner gedrückt haben. Das waren

aber keine Pumänner, das waren höchstens Weckmänner oder gar Stutenkerle.
Nun kommen noch die Tonpfeifen auf den Pumann. Die Betonung liegt auf Ton. Ein Pumann mit einer bunten Plastikpfeife, welche man auch als Flöte benutzen kann, ist kein Pumann, vielleicht ein Stutenkerl, aber auch das nicht. Früher hätte so eine Pfeife vielleicht einem Klüngelskerl und Lumpensammler zur Ehre gereicht, aber doch nicht einem Pumann!
Einige Leute sagen, dass die Tonpfeife der Einstieg zum Rauchen ist. Also besser Kunststoff und Plastikfarben als das Naturprodukt Ton.
Wo ist da die Logik? So kann man auch Traditionen, welche Jahrhunderte Kinder und Erwachsene erfreute, zerstören.
Nach dem Auflegen der Tonpfeife muss der Pumann eine Pause in einer warmen und feuchten Umgebung absolvieren, so in etwa wie in einer abgeschwächten finnischen Sauna ohne Aufguss. Kein Alkohol, es ist ja hauptsächlich ein Gebäck für Kinder.
Wenn die Hefe den Pumann nun so richtig hat aufgehen lassen, also seine volle Gare erreicht ist, wird der Pumann mit Ei abgestrichen. Diese Eilackierung gibt dem Pumann beim Backen einen strahlenden Glanz. Stellen, wo kein Ei hingekommen ist, sind matt und glanzlos und ein Qualitätsfehler.

Ein gesunder Pumann muss wie ein Affenarsch glänzen, sagten die alten Meister.
Wenn diese traditionellen Herstellungsweisen befolgt werden, bekommt man auch einen richtigen echten Pumann.
Und was liegt heute in den Theken? Teigknubbel mit angedeuteten Beinen, kaum erkennbaren Armen, eingesparten Augen und bunten Plastiktriller-pfeifen. Kurz ein Teigknubbel, welcher weder den Namen Stutenkerl oder Weckmann oder schon gar nicht den Namen Pumann verdient.
Nur die Werbung und der Preis stimmen an diesen unförmigen Gebilden.
Mittlerweile gibt es auch ausgestochene Exemplare aus einer Teigmischung von Hefeteig und Quark-Ölteig. Diese Teig-Zusammensetzung aus Hefe und Mürbeteig muss sein, weil die Teiglinge sich nach dem Ausstechen nicht – wie der Hefeteig es tut – zusammenziehen sollen.
Zu erwähnen sind auch noch die Lebkuchenmänner und die traditionellen Spekulatiusmänner und Spekulatiusfrauen. Die gibt es auch schon fast nirgend wo mehr. Es geht aber hier um den Pumann.

Liebe Bäcker- und Konditormeister, bitte findet doch wieder zu den traditionellen schönen Pumännern zurück und möglichst bald, ehe alle Hersteller vergessen haben, wie ein traditioneller Pumann noch aussieht. Im Internet regt sich schon Wiederstand.

Liebe Eltern und Kinder, „rettet den Pumann“ und kauft diese traditionellen Männer, auch wenn sie etwas teurer sind als die maschinellen Teigknubbel ohne Augen, Beine und Arme.

Liebe Pumannfreunde, unterstützt und sucht den traditionellen Bäcker und Konditor.

Berliner Ballen

Rezept von 1930, Bäckerei Voß Obermann

4 Pf. helles Mehl
150 g Zucker
150 g Butter
15 g Salz
60 g Hefe
300 g Wasser
200 g Milch
6 Eier
Rum

Alle gut temperierten Zutaten zu einem lockeren Teig kneten und ca. 30 Min. ruhen lassen. Den Teig in ca. 40 gleichgroße Teile teilen und diese Teiglinge richtig rund rollen und wieder ca. 30 Min. auf Gare stellen (warm und feucht).

Dann die Ballen in einen großen Topf mit auf 180° C vorerhitztes Pflanzenfett legen. Vorsicht, das Fett ist sehr heiß.

1926 ereignete sich in der Bäckerei Pöpping in Mülheim-Styrum ein tragischer Unfall. Die Ehefrau Elise Pöpping rutschte beim Berliner Ballen-Backen aus und fiel in das heiße Siedefett. Die Verletzungen waren so stark, dass sie an den schweren Verletzungen verstarb.

Die Berliner müssen im Fett schwimmen und sie sollen zweimal auf jeder Seite gebacken werden. Mit einem Holzlöffel wenden. Sie sollen ca. 8 Min. backen.

Ist das Fett zu kalt, dauert das Backen länger und die Berliner saugen sich voll Fett. Ist das Fett zu heiß, backen die Berliner zu kurz oder werden zu dunkel und bleiben innen halbgebacken.

Nach dem Backen in Zucker rollen und mit einem Spritzbeutel und einer Fülltülle mit Marmelade im gefüllten Beutel den Berliner füllen. Vor dem

Backen geht das Füllen nicht, weil die Ballen dann zu tief im Fett liegen und sich damit vollsaugen.

Und hier die professionelle Seite: *Berliner Ballen*

Die Winterzeit, gerade die Karnevalszeit, ist die Hochsession für den Berliner Ballen.

Hier erkläre ich einmal den Werdegang dieses leckeren Produktes.

Damit der Berliner das Licht der Welt erblickt, mischen und kneten der Geburtshelfer – also der Teigmacher – Weizenmehl, Wasser, Zucker, Backfett, Hefe, Salz und ein Berliner-Backmittel zu einem Hefeteig.

Dieser locker zarte Teig läuft dann über eine Anlage, wo der Teig in kleine Teiglinge geteilt und schonend rund gewirkt wird. Am Ende dieser Straße fallen sie auf Dielen und werden erst einmal in Ruhe gelassen, um sich von den ersten Strapazen zu erholen.

Nach dieser Erholungsphase, wo die Berliner faul auf der Diele herumliegen und sich entspannen, werden sie von mehreren Bäckern, wie die Soldaten auf dem Platz des himmlischen Friedens in Peking zur Maikundgebung, auf Abziehtücher gelegt.

Jetzt werden sie in die Berliner Sauna, dem Gärraum bei 27° C und 90% Luftfeuchte, zum Höhepunkt, also zur vollen Reife geführt. Sind sie zu jung, noch nicht vollreif, dann werden die Berliner zu klein und kugelig. Sind sie überreif, dann werden sie flach und schrumpelig.

Zu diesem Zeitpunkt sehen die Berliner doch sehr weiß und käsig aus und sind innerlich doch sehr klebrig und teigig. Also brauchen sie Bräunung und innere Festigkeit. Damit die Berliner beim Bräunen keinen Sonnenbrand erleiden, sollten sie sich einfetten. Da aber Berliner Ballen keine Arme und Hände zum Einreiben haben, sind die Bäcker auf die Idee gekommen, sie durch ein Fettbad aus erlesenem, relativ hitzebeständigem Erdnussfett (Biskin) zu schicken.

Nun geht es den Berlinern im wahrsten Sinne an den Kragen.

Vom Abziehtuch rutschen die Berliner dann in das 175° C heiße Erdnussfett zum Dreilagenschwimmen.

Auf der ersten Brustschwimmstrecke bekommt die Seite, welche im Fett liegt, ihre Bräunung und im inneren verfestigt sich der Teig zu einer lockeren Krume.

Nach ca. 2 Minuten wendet der maschinelle Bademeister die Berliner, die Rückenschwimmstrecke beginnt, und die andere Seite wird gebräunt.

Hier entsteht der weiße Kragen, der einen gesunden Berliner auszeichnet.

Dann wird der Berliner noch einmal gewendet und er krault zur Rolltreppe.

Mit dieser Rolltreppe erreicht der Berliner die Füllstation, um sein Inneres zu füllen. In der Füllstation wird er mit Marmelade geimpft. Bei dem Verhältnis Berliner zur Spritze ist das schon mehr ein Marmeladeneinlauf.

Nach dieser Prozedur purzeln die Berliner, als Friedensangebot, in eine Zuckerwanne, werden gezuckert und in Transportkörbe gebettet. Zu guter Letzt werden sie mit süßem Schnee bestäubt, gelangen mit Fließband in den Versand und durch die fröhlichen Fahrer zu Ihnen in die Backfilialen und bringen den Kunden und Ihnen Spaß in den Mund.

Wir Berliner Ballen wünschen allen ein fröhliches Alaaf und Helau.

Streuselkuchen

Bäckerei Heinrich Voß 1926

Streuselkuchen wird im Ruhrgebiet auch Beerdigungskuchen genannt, denn er darf auf keiner Beerdigung, sprich Raue oder Totenschmaus, fehlen. Diesen leicht angekratzten Ruf hat der Kuchen gar nicht verdient, denn wenn er frisch und saftig ist, schmeckt er ganz toll.

Hefeteig:

4 Pf. Helles Mehl
1 Pf. Butter
¾ Pf. Zucker
4 Eier
½ l Milch
100 g Hefe und eine Prise Salz

Aus diesen Zutaten einen wolligen Teig kneten und diesen ca. 30 Min. ruhen lassen. Dann den Teig ausrollen und gleichmäßig auf ein gefettetes Backblech legen. Den Teig mit einer Gabel stippen, damit sich keine Hohlräume oder Blasen bilden. Nun den Teig mit Milch abstreichen und den unten im Rezept beschriebenen Streusel gleichmäßig darauf verteilen.
Man kann auch zusätzlich Vanillepudding auf den Teig streichen.

Streusel:

1 Pf. helles Mehl
1 Pf. Butter
1 Pf. Zucker und Aroma Vanille/Zitrone und etwas Backpulver

Butter und Zucker glattrühren, dann das Mehl mit dem vermischten Backpulver zu Streusel kneten. Bei voller Gare, nach ca. 30 Minuten den Kuchen im vorgeheizten Ofen bei ca. 180° C 20 bis 25 Min. abbacken.

Lebkuchen

P. Winkel, 1982 *Adventsgebäck*

Teig:	***1,5 kg***	***3,0 kg***
Weizenmehl, Type 550	*0,600*	*1,200*
Farinzucker	*0,250*	*0,500*
Butter	*0,250*	*0,500*
Salz	*0,008*	*0,015*
Vanille/Zitrone	*0,008*	*0,015*
Lebkuchengewürz	*0,025*	*0,050*
Natron	*0,008*	*0,015*
Ammonium	*0,003*	*0,006*
Vollei	*0,075*	*0,150*
Rübenkraut, warm	*0,125*	*0,250*
Honig, warm	*0,125*	*0,250*
Teig:	***1,475***	***2,950***

Honig und Rübenkraut erwärmen und etwas abkühlen lassen. Dann alle Zutaten zu einem festen Teig kneten und den Teig über Nacht kühl stellen.

Zuckerguss:		
Eiklar	*0,065*	*0,125*
Puderzucker	*0,500*	*1,000*
Lebensmittelfarbe	*0,005*	*0,010*

Lebkuchenrezept von 1962, P. Winkel.

Nachempfunden nach Konditormeister Eggen aus Essen-Werden.

Das Originalrezept ist leider verloren gegangen.

Lebkuchen

8000	gr	Honig
2000	"	Sirup
9000	"	Zucker 1/2 Farin/ SF
5000	"	Persipan
3000	"	Kakao
9000	"	W. Mehl 550
9000	"	R. " 1150
75	"	Amonium
125	"	Pottasche

Nelken

Zimt

Anis

Schweineohren

Blätterteigrezept der Fa. Meister-Marken, Hamburg von 1954

Meistermarken-Rezepte

Meisterzieh
Meisterback
Meistercreme
Meisterbiskin

Zum Erfolg?
Nur durch Qualität!

Expreß-Blätterteig

Herstellungsweise	Zutaten	Gewicht in g	Preise in DM* per kg St. /	Gesamt
Meisterzieh zerkleinern. Alle Zutaten solange verarbeiten, bis die Meisterzieh im Teig gleichmäßig fein verteilt ist. Ohne Pause dem Teig nur eine doppelte Tour (1 x 4) geben. (Bei Zuckergebäckstücken wie z. B. Schweinsohren usw. zum Ausrollen der doppelten Tour an Stelle von Mehl, Zucker verwenden.) Anschließend sofort aufarbeiten.	Weizenmehl (Type 550) Wasser Salz Zucker Meisterzieh	1000 600 15 30 1000		

Temperatur des Ofens ca. 220 ° C

Besondere Bemerkungen:

Teiggewicht	2645	Material-kosten	
Backgewicht		Unkosten + Gewinn	
Ausbackverlust		Verkaufs-Preis	
.... Stück à		Verk.-Preis per Stück	

Schweineohren:

Stück:	***35***	***70***
Wasser	*0,300*	*0,600*
Weizenmehl, 550	*0,500*	*1,000*
Zucker	*0,015*	*0,030*
Margarine	*0,030*	*0,060*
Rum	*0,010*	*0,020*
Salz	*0,007*	*0,015*
Teig:	***0,812***	***1,624***
Ziehfett	*0,500*	*1,000*
Zucker	*0,250*	*0,500*

Alle Zutaten 15 Min. zu einem Teig kneten. Dem Teig dann 15 Min. Teigruhe geben. Dann das Ziehfett mit dem Teig einschlagen, sodass kein Fett mehr sichtbar ist und nun dem Ganzen eine einfache und eine doppelte Tour geben. Zwischen den Touren den Blätterteig 15 Min. kühl stellen.
Die letzte Tour mit dem Zucker eintourieren, 20 Min. Teigruhe geben und dann auf 34 cm in der Breite und ca. 80 cm Länge ausrollen.
Dann von beiden Seiten zweimal zusammenlegen und immer mit Zucker anrollen.

②

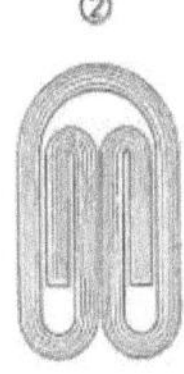

③

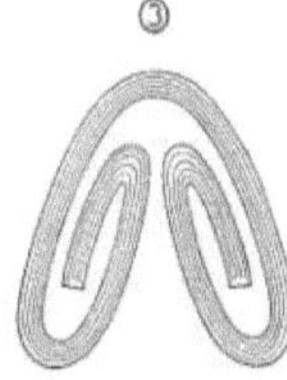

In der Mitte 2 - 3 cm freilassen und alles noch einmal zusammenlegen, dann
mit einem scharfen Messer ca. 1 cm breite Scheiben schneiden und auf das gefettete Backblech legen. Die Schweineohren bei goldgelber Farbe auf dem Backblech wenden und bei einer Temperatur von 220° C nach 10 Min.

auf das gefettete Backblech legen. Die Schweineohren bei goldgelber Farbe fallend auf 190° C backen, Backzeit, ca. 16 Min.

Einfache Tour: Das Fett auf den Teig legen und gut in den Teig einschlagen. Nun rechteckig ausrollen das Mehl abfegen und den Teig zu einem Drittel überschlagen. Dann das dritte Drittel über das erste Drittel legen und leicht andrücken.

Doppelte Tour: Wie bei der einfachen Tour das Fett einschlagen und den Teig rechteckig ausrollen. Abfegen und den Teig zu einem Viertel umschlagen. Dann den Dreiviertelteig überschlagen und zuletzt die Hälfte des Rechtecks nochmals umschlagen. Nun das Ganze leicht andrücken und kühl stellen.
Statt Ziehfett kann man auch jedes normale Fett nehmen. Man muss dann aber schnell und kühl arbeiten, sonst vermischen sich die Teig-Fettschichten beim Eintourieren und die Schweineohren gehen nicht auf, sie bleiben klein und haben keine Lockerung.

Roggenbrot

Kastenbrot, ein Rezept aus der Bäckerei Winkel, 1964

Brote:		
Wasser	*0,720*	*1,440*
Roggenmehl, Type 1150	*1,000*	*2,000*
Hefe	*0,040*	*0,080*
Vollsauerteig	*0,600*	*1,200*
Salz	*0,025*	*0,050*
Teig:	***2,385***	***4,770***

Hier kommt die Variante für eine etwas größere Menge Brot:

Nach Kelten, Germanen und Mönchen, entstand an der Ruhr eine muntere Landbevölkerung, der Mölmsche. Neben Kuh- und Schweingehabt kam im 19. Jahrhundert die industrielle Kohleförderung und Stahlerzeugung hinzu. Wer kräftig arbeitet, der braucht auch ein kräftiges Brot, dachten sich die Bäcker, die durch die Industrialisierung Arbeit und Brot in Mülheim an der Ruhr und in der Umgebung fanden.

Wie wird das kräftige Roggenbrot nun im „Großen" hergestellt?

Am Anfang steht wie immer der Teigmacher.

Er wiegt – oder lässt wiegen – die Rohstoffe wie

- 90% dunklem Roggenmehl,
- 10% dunklem Weizenmehl,
- Wasser,
- Sauerteig,
- Salz
- und Hefe.

Trotz der 10%-igen Weizenmehlzugabe ist das Brot laut den Leitsätzen für Brot und Kleingebäck ein Roggenbrot. Diese Zutaten, meistens aus der näheren Umgebung oder selber hergestellt wie der Sauerteig, werden schonend vermischt und geknetet. Denn Roggen braucht Zuwendung und Liebe, was man ja auch in jeder Brotschnitte schmeckt. Im Gegensatz zum Weizenteig braucht der Roggenteig keine Teigruhe, der Teig ist da, er ist startbereit und möchte sofort loslegen, um ein kräftiges herzhaftes Roggenbrot zu werden. Also weiter.

Der Teig wird vielgelobt und hochgehoben, rutscht dabei in einen Trichter, der ihn in einen Teigteiler weiterleitet. Hier blüht ihm Saures. Er wird in eine Teigkammer gesogen und der übermäßige Teig wird mit einem scharfen Messerschieber abgeteilt. Weiter fällt das Teigstück auf ein Austragungsband und wird in den Rundwirker, der Fitnessstation befördert, vor Freude kugelt und purzelt das Teigstück sich rund und läuft quietschender Weise in den Langroller. Hier wird aus der runden Kugel unter erdrückender Massage der Bauch gestrafft und das Ganze wird zu einem dicken Teig-Laib aufgerollt. Am Ende wird der Laib in Mehl gewälzt und von einem fröhlichen Bäcker mit großer Fürsorge in die vorgefetteten Backkästen gebettet.

Nun kommt die Mondphase, also eine etwas längere Ruhezeit oder auch Garzeit genannt. Die Gare erfolgt in einer trockenen Umgebung, so etwa norddeutsch unterkühlt, damit die Brotoberfläche eine rustikal gemaserte Kruste bekommt. Das Teigstück ruht hier aber gar nicht, es ist wohl mondsüchtig, denn in dieser Phase verquellen Mehl und Wasser, die Sauerteigbakterien arbeiten und erzeugen Alkohol und Kohlensäure, also fördern das Aroma und das Teiggerüst. Der Alkohol verflüchtigt sich – also keine Angst wegen Alkohol am Steuer. Die Hefezellen vermehren sich und in Verbindung mit der Kohlensäure steigert sich das Volumen dabei und lockert so im Halbschlaf die Umgebung, sprich, die Krume auf.

Und nun geschieht es: Kurz vor dem Höhepunkt, der Vollreife, wird das Brot schlagartig aus dem Schlaf gerissen – wie im Leben. Denn nach der Vollreife folgt die Überreife und damit der Zusammenfall. Nun werden bei 280° C die Kästen mit viel Dampf in den Backofen geschoben. Nach ca. 1 – 2 Min. wird der Dampf, also der Schwaden – wie die Menschen aus dem Paradies – aus dem Backraum wieder verbannt, damit die Kruste so richtig knackig wird. 70 Minuten backen die herzhaften Gesellen, wobei die Temperatur von 280° C auf 220° C heruntergesetzt wird, damit die Roggenbrote sich nicht die Füße verbrennen und die dicke aromatische Kruste nicht schwarz wie Kohle wird.

Nach dem Backen werden die Brote mit einem kräftigen Hauruck aus den Kästen gestürzt – keine Bange, es verletzt sich keiner. Weiter geht es in Transportkörbe und mit dem Rosenblumendelle Förderkorb in den Versand und weiter mit den anderen Backwaren in die mit Sehnsucht wartenden Filialen, somit zu Ihnen.

Rheinisches Schwarzbrot

Schrotbrot oder Roggenvollkornrot

	Brote:	***2***	***4***
Kornsauer:			
Wasser		*0,600*	*1,200*
Roggenschrot, Mittelscharf		*0,700*	*1,400*
Anstellgut		*0,050*	*0,100*

Zutaten mit lauwarmem Wasser vermischen und 12 - 14 Std. zugedeckt abstellen.

Quellstück/Brühstück:

Roggenschrot-Mittelscharf		
Oder Roggenflocken	*0,500*	*1,000*
Wasser	*0,400*	*0,800*

Vermischen und als Quellstück 12 - 14 Std. mit kaltem Wasser mischen und zugedeckt stehen lassen.
Als Brühstück ca. 3 Std. mit heißem Wasser zugedeckt abstellen.

Teig:

Roggenschrot-Grobscharf	*0,200*	*0,400*
Roggenmehl, 1150	*0,050*	*0,100*
Salz	*0,035*	*0,070*
Restbrot oder Leinsaat	*0,150*	*0,300*
Rübenkraut	*0,050*	*0,100*
Hefe	*0,025*	*0,050*
Teig:	***2,760***	***5,520***

Kornsauer und Quellstück am Vortag herstellen, 14 - 18 Std. Reifezeit
Alle Zutaten ca. 12 Min. langsam zu einem Teig kneten und kurz vor Knetende etwas Schrot untermischen. Nun ca. 30 Min. Teigruhe geben.
Teig abwiegen, formen, in Kartoffelmehl rollen und ca. 60 Min auf Gare ruhenlassen. 1350 g Brote ca. 70 Min bei einer Temperatur von 250° C, nach 10 Min. auf 210° C stellen und backen.
Vor dem Backen gut mit Wasser abstreichen.

Rheinisches Schwarzbrot wird fast immer aus mehreren verschiedenen Schrotsorten hergestellt. Hier zum Beispiel die Körnung Mittelscharf und Grobscharf und oder Roggenflocken. Markant für das Rheinische Schwarzbrot sind die nicht verquollenen weißen Schrotkörner. Früher hat man immer die Kuchenkanten, oder wie hier angegeben, Restbrot mitverarbeitet. Diese Zutat brachte einen besseren Geschmack und eine bessere Wasserbindung, welche eine längere Frischhaltung ergibt.
Ganz wichtig für die Schrotbrotherstellung ist das Vorquellen des Schrotes. Die Schrotkörner nehmen sehr viel Wasser auf. Wenn man diese nicht vorquellt, ziehen sie das Wasser aus dem Teig und das Brot wird ganz trocken, krümelt, hat keine gute Bindung und kann zu großen Krumenrissen führen. Das gleiche gilt auch für Ölsaatenbrote wie Dreikornbrot usw.
Wichtig ist auch eine gute Versäuerung des Schrotes, um eine gute Bindung der Krume und damit eine bessere Schnittfähigkeit zu bekommen.
Zum guten Schluss kommt zur Geschmacksverbesserung und zur verbesserten Krumenfarbe noch Brotsyrup oder Rübenkraut mit in den Teig. Man kann die Schwarzbrote natürlich auch in gefetteten Brotkästen backen.

Marzipanhörnchen

Zuerst die Herstellung in der Großbäckerei

Heute möchte ich einmal die fröhlichen Plunderhebammen und deren Produkte vorstellen. Ähnlich wie bei den Berliner Ballen beginnt das irdische Dasein des Marzipanhörnchens beim Teigmacher. Diese hellwachen Jungen verwiegen die Zutaten wie Mehl, Wasser, Zucker, Backfett, Hefe, Salz und Eier und kneten einen stabilen Teig daraus. Der Teig muss sehr strapazierfähig sein, weil er eine harte Tour zu bestehen hat. Gegen diese Tour ist die Rallye Monte Carlo eine Sonntagskaffeefahrt. Start frei!

Nach dem Kneten wird der Teig mit einem Aufzug auf eine schwindelige Höhe gehoben und plumpst kopfüber in einen Trichter. Der Trichter verengt den Teig wie die Taillen der Damen am Hofe des Sonnenkönigs von Frankreich. Von hier an durchläuft der Plunder einen extra auf 12° C gekühlten Arbeitsraum, damit sich der Teig nicht zu sehr erwärmt und seine groben teigigen und zarten fettigen Schichten nicht verschmieren. Apropos Schichten: Wir haben keine Klassenunterschiede, aber Plunder ist schon etwas Besseres. Nun weiter zur Familiengeschichte.

Jetzt wird der Plunderteig zu einem flachen Band ausgepresst, zart legt die Ziehmargarine sich auf den Teig und lässt sich von seinen breiten Teigschultern umhüllen. Nach diesem Bund fürs kurze Leben geht es los auf Tour. Der verehelichte Teig wird flach gewalkt, von oben kommt eine Walze und von unten kommt ein ganzer Walzenkranz – wie eine Stalinorgel drehen und klopfen die Walzen das junge Glück platt. Nun kurz verschnaufen und rechtsherum nach oben geht es weiter zur Sevillaschaukel, einer Maschine, die den Plunderteig fächerartig übereinanderlegt.

Weiter rollt die Tour, diesmal links herum nach unten. Und wieder wird der Plunderteig wie zuvor ohne auszuruhen im zweiten Walzenstuhl flach gerollt. Hier haben die Plunderbäcker einen Spiegel angebracht, damit der glückliche Teig sich einmal bestaunen kann.

Anschließend kommt die Granadaschaukel, um das zweite Fächerwerk zu fabrizieren. Wieder wird der Teig gewalkt und schlank gehämmert. Mit einem Überschlag auf dem laufenden Band geht es weiter.

Nach dieser harten Tortur folgt der sogenannte Wellnessbereich.

Hier rollt der Plunderteig so vor sich hin und kann sich leicht entspannen, wird von oben mit einer Bürste freundlich vom Mehlstaub abgeschrubbt. Auch an beiden Seiten erfolgt ein vergnügtes Bürsten, wobei überstehende Fett- und Teigpölsterchen abgetrennt werden. Jetzt geht es hart zur Sache.

Eine scharfe Messerwalze teilt das lange Plunderband in Dreiecke, diese werden mit RWW Trinkwasser angefeuchtet. Nun kommt ein fröhlicher Bäcker, der eine spanische Weise vor sich her pfeift, dabei an die Mandelblüte auf Mallorca denkt und herrlich leckeren Marzipan auf die Teigstücke legt, ins Spiel.

Damit verlassen die offenherzigen Stücke den Sierra Nevada Bereich, kommen wieder in wärmere Gefilde, werden gleich von emsigen Bäckern in flotter Torero-Manier zum Hörnchen gerollt und ab geht es aufs glatte Parkett der Backbleche.

So können wir das Marzipanhörnchen noch nicht der Öffentlichkeit vorstellen, die Tour geht weiter.

Wenn nun ein Backwagen, gefüllt mit Backblechen auf denen die Marzipanhörnchen in Ruhe dösen, gefüllt ist, wird dieser in einen Schockfroster geschoben.

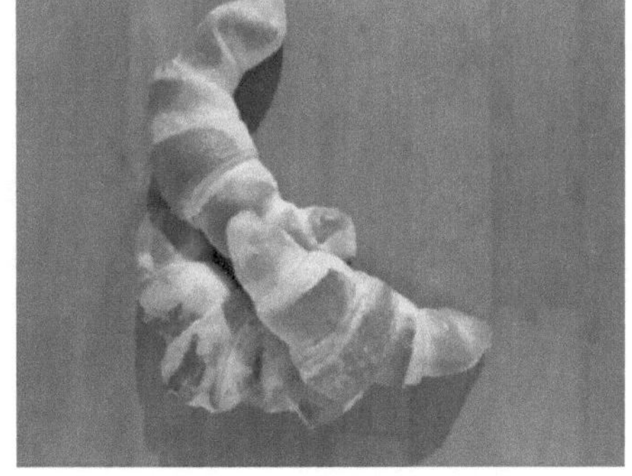

Bei minus 18° C bekommen die Teigstücke eine eisige Gänsehaut, gemäß dem Motto: Spanien ade, Grönland wir kommen. Hier werden die Gebäcke klein gehalten, die Hefe wird gebremst und das Teigstück kann sich nicht entfalten.

Damit die Marzipanhörnchen auch abends gebacken zu Ihnen in die

Filialen gelangen, kommen sie nach einem vorgegebenen Winterschlaf, wobei sie von unseren netten Filialen träumen, in einen Gärraum. In diesem Saunaraum für Kleingebäcke werden die Marzipanhörnchen bei einer Temperatur von 30° C und einer Luftfeuchte von 70% aus dem Winterschlaf erweckt. Hier machen die Hörnchen ihr Abitur, sie erreichen ihre volle Reife, um anschließend Blech für Blech über einen Paternoster in atemberaubende Höhen befördert zu werden.

Rechts um die Ecke, links um die Ecke geht es im Achterpack, vier Bleche nebeneinander und zwei hintereinander in 17 Minuten mit Dampf durch den 220° C heißen Durchlaufofen.

Nun folgt die fast schönste Zeit der Marzipanhörnchen.

Nach einer Schussfahrt gelangen die goldbraun gebackenen Hörnchen in die Veredelungsabteilung, wo die äußere Erscheinung super aufgepeppt wird. Zuerst kommt eine heiße Dusche aus Aprikosenmarmelade auf die Haut, es folgt ein Bad im herrlich süßen, schneeweißen Fondant und zu guter Letzt eine Schokoberieselung. Einfach herrlich.

Nachdem die zarte Haut der Marzipanhörnchen in der milden Mülheimer Nachtluft abgetrocknet ist, geht es mit dem Fließband in den Versand und flugs zu Ihnen in die Filialen.

Guten Appetit und viel Vergnügen beim Marzipanhörnchen-Nachbacken.

Marzipanhörnchen

ein französisches Plundergebäck nach einem Rezept von 1978
aus der Bäckerei Wälken's Bäckereien, Essen/Mülheim

Stück	***28***
Wasser	*0,450*
Weizenmehl, Type 550	*1,000*
Zucker	*0,025*
Margarine	*0,100*
Vollei	*0,100*
Hefe	*0,060*
Salz	*0,015*
Teig:	***1,750***
Ziehfett	*0,350*

Füllung 1:

Marzipan	*0,500*

Füllung 2:

Nussnougat	*0,300*
Vanillepudding	*0,150*
Nüsse, gehackt	*0,200*

Alle Zutaten 12 Min. zu einem Teig kneten, 20 Min. Teigruhe.
Teig mit dem Ziehfett einschlagen und eine einfache und eine doppelte Tour geben. Siehe Touren beim Blätterteig.
Zwischen den Touren 10 Min. den Croissantteig kühl stellen.
Statt Ziehfett kann auch anderes hartes Fett genommen werde, wie beim Blätterteig auch.
30 Min. Teigruhe geben und dann auf 42 cm in der Breite, ca. 80 cm Länge und auf 3 mm ausrollen.
Dann in 10 cm breite und 21 cm lang in Dreiecke schneiden.

Die Füllung auflegen und an der breiten Seite 2 cm einschneiden, die spitze Seite anfeuchten und locker aufrollen. Vor dem Backen gut mit Ei abstreichen und in gehackte Nüsse rollen.
Bei einer Temperatur von 220° C fallend auf 190° C backen. Die Backzeit beträgt ca. 18 Min.

Mit der zweiten Füllung kann man aus den Croissants dann auch Nuss-Nougat-Hörnchen herstellen. Dabei gibt man nach dem Eianstrich und vor dem Backen noch gehackte Haselnüsse auf die Croissants.

Zitronenrolle

Hergestellt von der Bäckerei Döbbe, 1966, Essen, später Mülheim

Dieses Mal fangen wir mit der Herstellungsweise der Zitronenrollen in der größten Bäckerei Mülheims an, den Döbbe Bäckereien.
Sahneschnittchen herzustellen ist auch in Großbetrieben viel Handarbeit.
Los geht es mit dem Verwiegen der Zutaten für Rouladen – nicht die am Fenster oder die beim Metzger, sondern die aus Biskuitmasse.
Der Massenschläger mit Bodybuilder-Ausbildung, geliebt und gefürchtet in Biskuitkreisen, schlägt auf wie kein Zweiter.
Nach dem Aufschlagen wird die Masse auf Bleche dressiert und bei 200° C gebacken. Nun kommt die Zeit des Sahnebläsers. Er belässt und rührt auch ohne Noten mit ganzem Herzen aus der Roh-Sahne, welche von glücklichen Kühen aus der ländlichen Umgebung des Ruhrgebietes kommt, locker luftig zarte Sahne. Unter diese wird Zucker, Sahnesteif und Zitronensaft gefühlvoll gehoben, der aus Zitronen, welche von der süditalienischen Sonne so richtig verwöhnt und in Pulverform gebracht wurden.
Nach dem Erkalten der Roulade kommt die Zitronensahne auf die biegsam elastische Oberfläche und das Rollkommando kommt zum Einsatz.
Diese Sahnebieger rollen die Roulade zu langen Schnecken und versehen diese nach der Längeneinteilung mit einer Zitronensahnerosette.
Zu guter Letzt rieselt noch etwas süßer Schnee über die Roulade und ab geht es in die Abteilung Grönland, den Froster, wo sich schon andere süße Gaumenkitzler tummeln und auf die große weite Welt der Filialgeschäfte warten.

Und hier ein Rezept aus einem kleinen Handwerksbetrieb, das Sie auch gut nachbacken können*:*

4 Eier
75 g Zucker
5 g Vanillezucker
90 g Mehl, 550
3 g Backpulver
Eier,
Zucker,
Vanillezucker
ca. 2 Min. schaumig rühren.
Dann das Mehl mit dem versiebten Backpulver kurz verrühren und die Masse faltenfrei auf das mit Backpapier belegte Backblech gleichmäßig verteilen. Ca. 10 Min. bei 200° C backen.
Nach dem Backen die Roulade abkühlen lassen und auf ein neues Blatt Backpapier stürzen und das gebackene Papier abziehen.
Nun die Roulade wieder drehen, mit der hellen Seite nach unten.

Füllung:
250 g Schlagsahne
2 Beutel Gelatine
70 g Puderzucker
20 g Zitronensaft
1 Päckchen Zitronenschale

In der Zwischenzeit Sahne und Gelatine steif zu Sahne schlagen, Puderzucker Zitronenschale und Zitronensaft darunter rühren. Die Zitronensahne auf die gedrehte Roulade streichen und diese von der Unterseite nach oben stramm aufrollen.

Jetzt kommt die Rolle noch für ca. 2 Std. in den Kühlschrank zum Absteifen. Vor dem Verzehr die Roulade mit Puderzucker abstauben, die beiden Seiten glatt abschneiden und die Roulade nach gewünschter Größe schneiden.
Zu guter Letzt kann man noch eine Zitronensahnerosette auf dressieren.

1787 und 1791 weilte Prinzessin Louise, die spätere Königin Louise von Preußen und Mutter vom ersten deutschen Kaiser Wilhelm I., in Mülheim im Schloss Broich. Vielleicht schaute sie dabei auch mal im Café Sander herein? Sie trank nämlich sehr gerne Kakao.

Jedenfalls machte sie 1791 mit ihrem Vater, ihrer Tante und ihrer Schwester eine Kutsch- und Schiffsreise von Broich nach Holland und zurück, welche damals sehr beschwerlich war und drei Wochen dauerte. Die Reise führte sie über Kleve, Nimwegen, Amsterdam, Rotterdam und Delft, wieder nach Broich – laut Tagebucheintragungen der Prinzessin Louise. Sauer war die Prinzessin, weil sie ihren geliebten Hut aus Platzgründen nicht mit aufs Schiff und in der Kutsche mitnehmen durfte.

Aus dieser Zeit gibt es unter anderem zwei Rezepte, welche mir freundlicherweise vom ehemaligen Kurator der „Louisen Gedenkstätte" im Schloss Hohenzieritz, Herrn H. J. Engel, zur Verfügung gestellt wurden.
Möglicherweise wurden diese Gebäcksorten ja auch im Schloss Broich zur damaligen Zeit gebacken?

Louisentorte

180 g Butter
150 g Zucker
8 Esslöffel Sauermilch
1 Pfd. Mehl
Abgeriebene Zitronenschale,
15 g Backpulver
Füllung: Vanillecreme, Schokoladencreme, 250 g Himbeerkonfitüre

Butter und Zucker schaumig rühren, Mehl, Milch, Zitronenschale und Backpulver zugeben, alles verrühren und daraus 4 runde Tortenböden backen. Bei 180° C ca. 15 Min. Nach dem Abkühlen den ersten Boden mit Vanillecreme bestreichen, den zweiten Boden darauflegen und mit Himbeerkonfitüre bestreichen. Dann den dritten Boden auflegen und mit Schokoladencreme bestreichen. Darauf den vierten Boden legen und die Torte mit Vanille- und Schokoladencreme ausgarnieren und mit frischen Himbeeren verzieren.

Vanillecreme und Schokoladencreme:

Louisentorte, 2019

500 g Butter
750 g Milch,
150 g Zucker,
120 g Eigelb
und eine Prise Salz aufkochen.
100 g Milch und 80 g Cremepulver verrühren, in die aufgekochte Milch schütten und kurz aufkochen.
Nach dem Erkalten die Butter schaumig rühren, den Pudding unterziehen und mit Vanillearoma abschmecken. Für die Schokoladencreme zusätzlich 40 g Kakao und 20 g Puderzucker unter die Creme rühren.

Amalientörtchen

Rund ausgestochene Weißbrotscheiben mit Madeira tränken, mit Eigelb und Semmelbrösel, (Paniermehl) panieren und in heißem Fett goldbraun backen. Mit Zucker bestäuben, darauf Himbeeren mit einem Tupfer Sahne geben. Bitte warm servieren.

Louise, Königin von Preußen, 1776 - 1810

Backmischungen – Fertigmehlmischungen

Holzlucken Bauernbrot

Wie im Buch „Vom Korn zum Brot – Bäckereien in Mülheim von 1740 bis heute“ wird an der Saarner Str. 56 der Bäckermeister Wolfgang Henckel von 1972 bis 1977 als Inhaber der Bäckerei genannt.
In dieser Zeit hat Wolfgang Henckel auf einer Urlaubsreise nach Süddeutschland ein sehr leckeres Brot gefunden.
Wie sich herausstellte, war es eine Fertigmischung und der Hersteller dieses Fertigmehls wollte nur eine größere Menge nach Mülheim liefern.
Wolfgang Henckel mobilisierte ein paar Kollegen und gemeinsam holte man das Holzluckenbrot nach Mülheim und verkaufte es hier mit großem Erfolg.
Dieses unter dem Phantasienamen vertriebene Brot bestand aus Roggenmehl, Weizenmehl, Sauerteig, Salz, Brotgewürzen und natürlichen Backhilfsmitteln.
Es schmeckte sehr gut und war bei den angeschlossenen Bäckereien sehr erfolgreich – zumal sich kleine Bäckereien durch diese Backmischungen nicht Unmengen an Zutaten einlagern mussten. Mit dieser Mischung konnten sie auch kleine Mengen mit einer guten und gleichbleibenden Qualität herstellen.
Wenn Sie Backanfänger sind, spricht gar nichts gegen Backmischungen.
Sind Sie aber schon ein Fortgeschrittener, dann stellen Sie lieber Gebäcke individuell, auf Ihre Wünsche und Ihren Geschmack ausgelegt, mit eigenen oder oben beschriebenen Backrezepten her.

Haferbrot

Rezept Peter Winkel, von 1989

Haferflocken	*150 g*
Wasser	*150 g*
Quellstück:	*300 g*
Weizenmehl 1050	*400 g*
Roggenmehl 1150	*350 g*
Vollsauer	*300 g*
Meersalz	*20 g*
Hefe	*40 g*
Apfelkraut	*30 g*
Wasser	*600 g*
Haferspeisekleie	*50 g*
Sonnenblumenkerne	*20 g*
Kürbiskerne	*20 g*
Sesam, geröstet	*20 g*
Weizenkleber	*10 g*
Teig:	***2130 g***

Das Quellstück, also Haferflocken und Wasser ca. 12 - 14 Std einweichen. Die restlichen Zutaten abwiegen und das Ganze ca. 12 Min. zu einem lockeren Teig kneten.

Verschiedene Zutaten gibt es nur in Reformhäusern oder über das Internet, wie Haferspeisekleie oder Weizenkleber.

Den Teig dann ca. eine halbe Stunde ruhen lassen.

Nun den Teig in drei Stücke teilen, formen und die etwas feuchte Oberfläche in Haferflocken rollen.

Die Brote ca. 30 bis 45 Min. auf Gare stellen und dann bei 250° C in den Ofen schieben. Die Temperatur nach 15 Min. auf 220° C herunter stellen und nach 35 - 45 Minuten Gesamtbackzeit haben Sie ein wunderbares gesundheitsförderndes Brot. Hafergetreide und vor allem Haferspeiskleie ist sehr ballaststoffreich und für die cholesterinbewusste Ernährung förderlich. Mit diesem selbstentwickelten Brot waren wir damals sehr erfolgreich und konnten durch verschiedene Analysen, u.a. von der Bundesanstalt für Getreide-, Kartoffel- und Fettforschung in Detmold und durch den Großen Preis bei der Deutschen Landwirtschaftsgesellschaft den Erfolg unterstreichen.

Prumme-Tarte

Auf Mölmsch, auf Hochdeutsch, *Pflaumenkuchen* und auf Französisch *Tarte aux prunes* genannt, ist zwar nicht nur in Mülheim ein Traditionsgebäck, sondern in vielen Gegenden Deutschlands. Was die Prummetarte in Mülheim hervorhob, war die Tatsache, dass der Kuchen immer zur Speldorfer Kirmes, also Ende August, Anfang September gebacken werden **musste**. Ich kann mich noch daran erinnern, dass wir die Pflaumen in den fünfziger Jahren vom Bauernhof vom Onkel Anton, einem Bruder meines Opas Heinrich aus Oelde, geschickt bekamen. Die Pflaumen wurden dafür in einen extra stabilen ovalen Weidenkorb gepackt, der Korb wurde mit einem festen Sack zugedeckt und das Tuch wurde an den Korb genäht. Dann ging er mit der Eisenbahn von Oelde nach Mülheim zum Speldorfer Güterbahnhof auf der anderen Straßenseite von uns. Waren die Körbe angekommen, wurden wir benachrichtigt und wir konnten diese abholen, oder ein Spediteur, wie damals die Spedition Wim Briem aus Speldorf, lieferte die Pflaumen zu uns aus.

Die Pflaumenqualität fiel oft unterschiedlich aus. Ein großes Problem war es, wenn die Pflaumen zu saftig waren. Der viele Saft, welcher dann fast aus dem Backherd lief oder diesen verdreckte, war dann ein Übel. Aber die Pflaumen aus Oelde-Stromberg waren meistens von sehr guter Qualität.

Hier das Rezept zum Nachbacken:

Wir fangen mit dem Döppen der Pflaumen an. Das heißt, die Pflaumen werden entsteint. Dafür gibt es schon für kleines Geld Haushaltsgeräte, welche Pflaumen und Kirschen entsteinen können. Das geht sauber und schnell.

Hefeteig:

Wasser	*175 g*
Weizenmehl Type 550	*500 g*
Zucker	*65 g*
Butter	*65 g*
Hefe	*40 g*
Salz	*10 g*
Vollei	*40 g = 1 Ei*
Teig:	***895 g***

Pflaumen	*1250 g*
Farinzucker	*50 g*
Puddingpulver, backfest	*50 g*

Das Rezept ist für ein Backblech der Größe 36 X 30.
Die Zutaten werden alle ca. 10 Min. zu einem lockeren Teig geknetet und nach einer Teigruhezeit von ca. 20 Min. wird der Teig gleichmäßig ausgerollt und auf das gefettete Backblech gelegt.
An der flachen Blechseite wird ein Rand geformt, damit der eventuell austretende Saft nicht in den Ofen läuft. Nun wird der aufgelegte Hefeteig noch mit einer Gabel geigelt oder gestippt, damit Luftblasen oder Hohlräume vermieden werden. Wenn die Pflaumen saftig sind, dann jetzt das Puddingpulver auf den Teig streuen, damit eventueller Saft gebunden wird. Darauf werden die Pflaumen gelegt und zwar so, dass zweite und die weiteren Reihen immer die davor liegenden Pflaumen hochkant überlappen. Dabei werden die gedöppten Pflaumen auseinandergezogen und das Fruchtfleisch liegt oben. Ist das Blech belegt, muss der Hefeteig noch ca. 20 Min. angehen, also auf Gare stehen.
Die Prummetarte kommt bei 190° C für ca. 25 Min. in den Ofen.
Nach dem Backen wird der Kuchen mit dem Farinzucker und etwas Zimt bestreut. Das verbessert noch einmal den Geschmack. Eine längere Backzeit macht den Kuchen nicht trockener, im Gegenteil, es bildet sich noch mehr Pflaumensaft.

Wenn der Kuchen erkaltet ist kann man ihn vorsichtig einteilen und in gleichgroße Stücke schneiden. Die Kuchenkanten waren für uns Kinder immer das Leckerste. Lassen Sie sich die Prummetarte gut schmecken.

Buttermilchbrot

Alternative zum vorne im Buch beschriebenen Sauerteig kann man Weizenmischbrot, also Brote mit einem höheren Weizenanteil, auch mit Buttermilch herstellen. Denn Buttermilch hat genügend Säure, um die Teigstruktur wie mit einem Sauerteig hergestellten Brot zu erzeugen.
Hier ein Rezept aus der über vierhundertjährigen Aumühle in Moers.

Brote	***2***	***4***
Buttermilch	*0,800 g*	*1,600 g*
Weizenmehl, Type 1050	*0,750 g*	*1,500 g*
Roggenmehl, Type 1150	*0,250 g*	*0,500 g*
Hefe	*0,040 g*	*0,080 g*
Salz	*0,020 g*	*0,040 g*
Teig:	***1,860***	***3,720***

Die Herstellung ist verhältnismäßig einfach.
Alle Zutaten werden 12 Min. zu einem Teig geknetet. Der Teig bekommt nun eine 30-minütige Ruhezeit. Danach wird der Teig in 2 oder 4 gleiche Ballen geteilt, rund geformt und in Mehl gerollt. Nun bleibt der Brotlaib mit dem Schluss der rauen Seite nach unten auf einem bemehlten Tuch liegen. Ca. 40 Minuten liegen die Brote auf Gare. Dann kommen sie in den auf 250° C vorgeheizten Ofen. Die Temperatur nach 10 Min. auf 220° C herunterstellen, sonst wird das Brot zu dunkel. Nach 45 - 50 Min. ist das Brot gebacken und sollte aus dem Ofen genommen werden.

Lehrmittel für gewerbliche Berufsschulen

Heft 80

Bäckerrechenbuch

von

Heinrich Ernst

Gewerbeoberlehrer in Frankfurt a. M.

Mit 27 Abbildungen

1931

Verlag und Druck von B. G. Teubner in Leipzig und Berlin

Best.-Nr. 9180

Bäckerrechnenbuch von 1931

Rodonkuchen

Heinrich Voß, von 1915

Zur damaligen Zeit gehörte zu jeder Kaffeetafel ein trockener Kuchen und zu besonderen Anlässen war das der „Rodonkuchen". Der Enkel von Heinrich Voß, Heinz Obermann gab mir folgendes Rezept von 1915:

2 Pf. Mehl, hell
1 Pf. Zucker
1 Pf. Butter
Buttergewürz, Vanille, Zitrone, Mandelgewürz
6 Eier
¼ Pf. Zitronat
¼ Pf. Mandeln
90 g Korinthen
50 g Rosinen
2 ½ TL Backpulver, ca. 30 g

Korinthen und Rosinen für eine ½ Std. in Wasser legen, dann das Wasser abschütten.
Zucker, Butter und Gewürze schaumig rühren und mit den Eiern und dem Mehl zu einer Masse verrühren. Zum Schluss die melierten Früchte unterheben und die Rodonkuchenmasse in die gefettete Form geben.
Den Ofen auf 190° C vorheizen und den Kuchen ca. 50 Minuten backen.
Den Rodonkuchen nach ca. 6 - 7 Min. vorsichtig vorziehen und mit einem Messer vorsichtig wie einen Ring einschneiden, damit er an diesem Einschnitt reißt. Nach dem Backen den Kuchen etwas abkühlen lassen, stürzen und aus der Form holen. Dann noch mit Puderzucker abstauben und fertig ist der trockene Kaffeetafelkuchen wie zu Urgroßmutters Zeiten.

Zum Vergleich hier das Rodonkuchenrezept aus dem Jahre 1956 von Anton Döbbe:

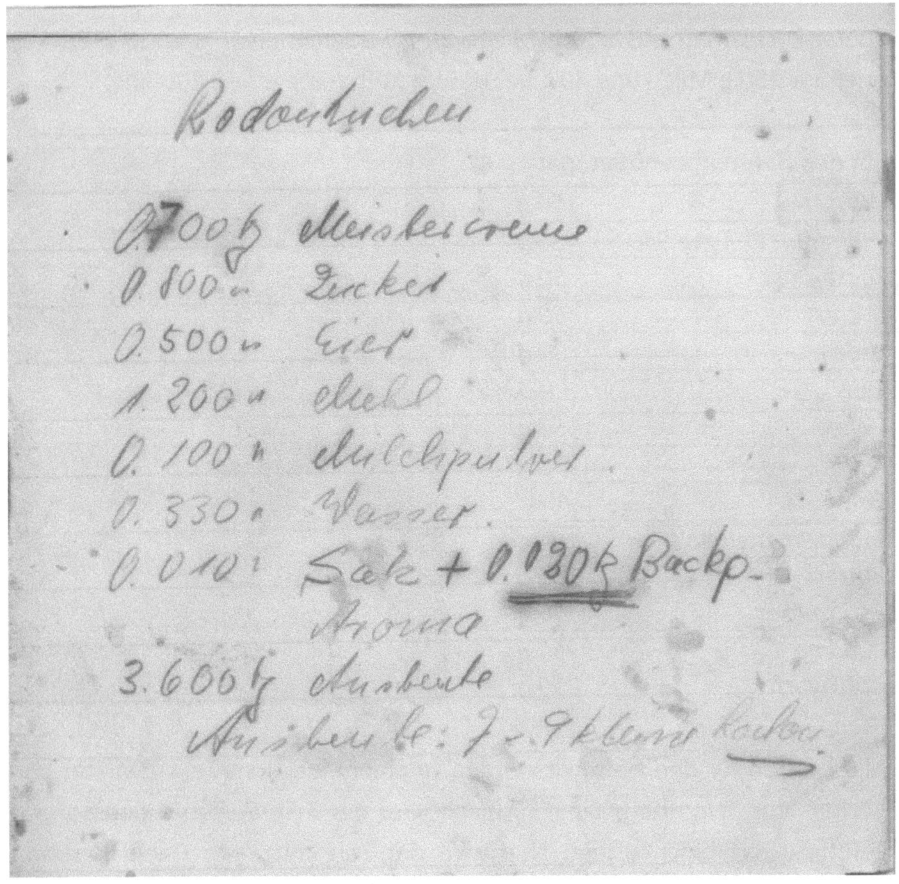

Rodonkuchen

0.700 kg Meistercreme
0.800 " Zucker
0.500 " Eier
1.200 " Mehl
0.100 " Milchpulver
0.330 " Wasser.
0.010 " Salz + 0.020 kg Backp-Aroma
3.600 kg Ausbeute
Ausbeute: 7-9 kleine Kuchen

Halbieren oder vierteln Sie das Rezept und Sie haben einen leckeren Kuchen für ihre Kaffeetafel.

Buttermandel-Apfelschnitte

In den achtziger Jahren war die Buttermandel-Apfelschnitte der Renner. Hier ein Rezept zum Nachmachen.

Zuerst kocht man aus 250 g Milch, 20 g Puddingpulver und 50 g Zucker, oder aus 250 g Milch und 40 g backfähige Kaltcreme einen Pudding.

Für den Hefeteig benötigt man:

Wasser	*150 g*
Weizenmehl, Type 550	*435 g*
Zucker	*50 g*
Butter	*50 g*
Hefe	*30 g*
Salz	*8 g*
Vollei	*50 g*
Teig:	***773 g***
Belag:	
Mandeln, gehobelt	*100 g*
Butter	*100 g*
Farinzucker	*50 g*
Pudding	*250 g*
Apfelwürfel	*250 g*

Alle Zutaten für den Hefeteig werden zu einem lockeren Teig geknetet und 30 Min. zur Teigruhe gestellt. Danach wird der Teig ausgrollt und auf das gefettete Backblech gelegt. Nun wird der Teig mit einer Gabel gestippt, damit keine Blasen oder Hohlräume entstehen. Den abgekühlten Pudding mit der Butter zu einer Creme aufschlagen und in vorher mit den Fingern eingedrückte Vertiefungen auf dem Teig dressieren. Zum Schluss die gehobelten Mandeln und 50 g Farinzucker darüber streuen.

Der Buttermandel-Apfelkuchen wird bei 190° C ca. 25 Min. gebacken.

Der Profi geht folgendermaßen vor:

Der Bäcker wiegt die einzelnen Zutaten für den Buttermandel-Apfelkuchen in einen Kessel und knetet sie zu einem lockeren Butterhefeteig. Der Teig wird mit vollem Druck auf das gefettete Backblech ausgerollt und mit einer Lochwalze geigelt. Im nächsten Schritt werden mit der Dressieranlage, ein Tupfer neben dem anderen, die vom Massenschläger aufgeschlagene Pudding-Butter-Creme, dressiert. Dann werden die Apfelwürfel, geerntet am nahen Niederrhein, aufgestreut. Zur Krönung tritt nun die Spanierin in Aktion, pfeift ihre Mallorcaweise vom Bett im Kornfeld und streut genussvoll hauchdünn gehobelte Mandeln, welche mit feinstem Hagelzucker aus dem Rheinland, auf die Buttercremeflocken. Nun wandert der edle Butterkuchen in den Kühlraum, wo der Gärprozess unterbrochen wird. Die Hefe macht ein kleines Mittagsschläfchen. Nach einer vorgegebenen Zeit verwandelt sich das Kühlhaus in einen Gärraum, also eine Art Sauna, mit einer Temperatur von ca. 35° C und einer hohen Luftfeuchte. Unter großem Gepolter und Gejohle holen die Nachtschichtbäcker die Backwagen aus dem Gärraum und beenden damit den verträumten Mittagsschlaf des Buttermandel-Apfelkuchens. Ab geht es mit Dampf in den auf 190° C vorgeheizten Backofen. Nach 25 Min. ist der Spuk vorbei und der Kuchen wird aus dem Ofen gezogen. Nun kann der Kuchen seinen Mut abkühlen. Jetzt kommt der Aufschneider in Aktion. Ruckzuck schneidet er den Kuchen in quadratische Stücke, wird auf Bleche verteilt, kommt in den Versand und landet mit den Süßwarenkutschern morgens in die Verkaufsstellen.

Nussecken

ein Rezept aus dem Jahre 1956 von Anton Döbbe

Die Zeiten besserten sich, neben Mandelersatz gab es schon Honig.
Sie können natürlich Mandeln nehmen.
Hier das passende Mürbteigrezept:

Nussecken!

2.000 g Mürbtg. II. Sorte
Marmelade
0.400 " Mandelersatz
0.300 " Zucker
0.250 " Wasser
0.100 " Honig
0.100 " Fett

Blechlänge ausrollen 90 x 45. Vorbacken u. Marmelade aufstreichen. Masse gut aufkochen und aufstreichen. Auf Unterblech abbacken.

Jan. 56

Mürbtig. II.

3.000 g Mehl – 0.100 g M.
1.200 " Tafelm.
1.200 " Zucker
0.600 " Wasser
0.050 " ABC-Trieb
+ 0.300 " [illegible]

6.350

Beim Durchstöbern einer alten, nicht mehr genutzten Briefmarkensammlung fand ich einen Zettel, bei welchem auf der Vorderseite die Preise mit einem Bleistift addiert wurden und auf der Rückseite Werbung für Brotrezepte gedruckt waren. Die Backrezepte stammen aus der Mitte der fünfziger Jahre, wo Lebensmittel noch relativ teuer waren und die Rezepturen einfach und nahrhaft sein mussten. Interessant sind die Zutaten wie Maggi-Würze und eine kleine Dose Erbsen.

Alles aus Brot

Studentenfutter

200 g Schwarzbrot fein schneiden. ¼ Liter Milch und drei verquirlte Eier über das Brot geben. Fein gehackte Fleisch- oder Wurstreste, Maggi-Würze, Pfeffer, Salz und Schnittlauch darunter mischen. Die Masse wird in heißem Fett unter stetigem Wenden in einer Pfanne gebacken.

Käseschnitten

Ein Backblech mit 1 cm dicken Formbrotscheiben dicht belegen, einen dünnen Omelettenteig, vermischt mit geriebenem Käse über die Brotschnitten gießen und gut einziehen lassen. Die Schnitten ca. 20 Minuten im Ofen backen und dann nach der Form der Brotstücke schneiden.

Brotwürfelauflauf

200 g Käse werden gerieben und mit 2 Löffeln Mehl, ½ Liter Milch, 2 Eiern, Salz und Muskat zu einem Teig gerührt. 200 g Schwarzbrotwürfel werden in einem Löffel Butter geröstet und nebst einer kleinen Dose Erbsen unter den Teig gemengt. Man füllt die Masse in eine gestrichene Form und bäckt sie 30 Minuten im Ofen. In einer Jenaer Glasform wirkt der Brotwürfelauflauf besonders hübsch.

Kirschkuchen

nach einem Rezept von 1956 aus dem Meistermarken- Backinstitut.

Wie auf dem Foto von 1956 zu sehen werden erst einmal die Zutaten verwogen und bereitgestellt.

Wie auf dem Foto von 1956 zu sehen werden erst einmal die Zutaten verwogen und bereitgestellt.

Hier wird der Kirschsaft und das mit Wasser aufgelöste Stärkepuder aufgekocht. Anschließend werden die Kirschen untergehoben.

Die auf dem Hefeteig aufliegenden Kirschen werden mit dem „Guss“ gleichmäßig überzogen und ab geht’s in den Backofen.

Nach diesem Rezept von 1956 und ähnlichen Rezepten wurde und wird heute noch Kirschkuchen tausendfach hergestellt.

MEISTERMARKEN-BACKINSTITUT

DER MARGARINE-UNION AG

Kirschkuchen *»Von Meister zu Meister« Folge 28, Seite 7*

Herstellungsweise	Zutaten	Gewicht in g	Preise in DM*: per Stück, Kilo, Liter	Preise in DM*: Gesamt
Hefeteig 40 × 50 cm ausrollen, auf das Blech legen und mit einer Gabel stippen. Den Saft der Kirschen aufkochen und vom Feuer nehmen, etwas rote Farbe hinzusetzen und danach den mit etwas Wasser verrührten Stärkepuder unterrühren. Wenn nötig, noch einmal kurz erhitzen. Dann die Kirschen vorsichtig unterarbeiten und, wenn etwas abgekühlt, auf den vorbereiteten Hefeteig gleichmäßig verteilen. Die unter »Guß« aufgeführten Zutaten wie folgt verarbeiten: Milch, Eigelbe und Mehl glattarbeiten, danach die aufgelöste *Meistercreme* hinzufügen. In der Zwischenzeit Eiweiß mit dem Zucker zu einem steifen Schnee schlagen und mit den anderen Zutaten vorsichtig verarbeiten. Diesen Guß auf die Kirschen gleichmäßig auftragen. Nach dem Backen evtl. mit Puderzucker bestäuben und in Stücke von 5 × 10 cm schneiden.	Hefeteig	600		
	Dunstsauerkirschen, entsteint, ca.	1700		
	Kirschsaft, 1 Liter, ca.	1000		
	Zucker	250		
	Stärkepuder zum Abbinden, ca.	100		
	Guß: Milch, 1/8 Liter, ca. 125 Mehl 120 *Meistercreme* 40 Eigelbe, 3 St., ca. 60 Eiweiß, 3 St., ca. 90 Zucker 90	525		

Temperatur des Ofens ca. 220° C

Teiggewicht	4175	Materialkosten	
Backgewicht	3850	Unkosten + Gewinn	
Ausbackverlust	585	Verkaufspreis	
40 Stück à ca.	96	Verkaufspreis per Stück	

Meistermarken-Backinstitut

* *Diese Spalte haben wir für Ihre Kalkulation freigelassen*

Kalte Schnauze

ein altes Rezept von Frau Weiner aus der Nachbarschaft

Bei einen meiner letzten Besuche beim Bäckermeister, einer der letzten in Mülheim backenden Bäckern, Walter Lübben, sagte mir der Meister: „Ein absolutes Muss in dieser Sammlung ist das alte Rezept für Kalte Schnauze.“
Dieser Kuchen durfte in den fünfziger und sechziger Jahren auf keinem Kindergeburtstag fehlen. Meistens wurde er von den Müttern gemacht. Er war so gehaltvoll (fettig), dass man oft bis zum nächsten Geburtstag noch Bauchschmerzen hatte. Mein Vater, obwohl Bäckermeister, weigerte sich, diesen ungebackenen Kuchen mir oder meiner Schwester zuzubereiten, denn Backen konnte man ja nicht dazu sagen.

Dafür hat dann eine Nachbarin uns den Geburtstags-Kuchen gemacht.

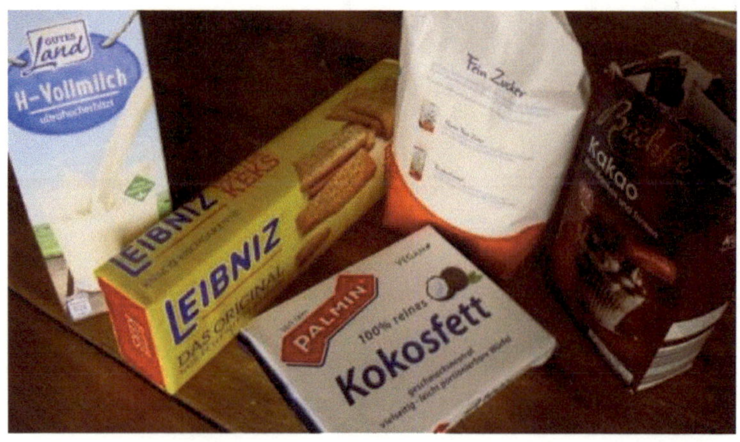

250 g Palmin oder
ein anderes Kokosfett
100 g Milch
100 g Zucker
50 g Kakaopulver
200 g Butterkekse
750 g Masse

Das Fett erhitzen. Milch und Zucker verrühren, den Kakao unterziehen, das heiße Fett langsam dazugeben, sodass eine cremige Masse entsteht. Nun die vorher mit Backpapier ausgeschlagene Backform wechselweise zuerst mit einer Schicht Butterkekse und dann mit der Schokomasse füllen. Die letzte Schicht ist eine Schokomassenlage. Zum Schluss den Kuchen zum Festigen der Masse für ca. zwei Stunden in den Kühlschrank stellen.
Wohl auf zum „Backen ohne backen“ und lassen Sie es sich schmecken bis zum nächsten Geburtstag.

Es hat sich doch eine stattliche Anzahl an alten und mittelalten Rezepten aus unserer Region angesammelt. Auch fanden sich zu manchen Rezepten Anekdoten und Erklärungen, welche das Gebäck doch verständlicher und leckerer machen. Ich habe diese Rezepturen in kleinen und zum Teil in größeren Mengen nachgebacken – es funktioniert und die Gebäcke schmeckten sogar sehr gut.

Wenn Ihnen das Nachbacken zu mühsam ist oder Sie sich nicht trauen, dann suchen Sie einen der letzten backenden Bäckermeister in Mülheim auf und bitte unterstützen Sie somit den Erhalt dieser lecker-schönen alten Backkunst.

Gott segne das ehrbare Handwerk

Anheizen des Holzofens in der Aumühle Moers

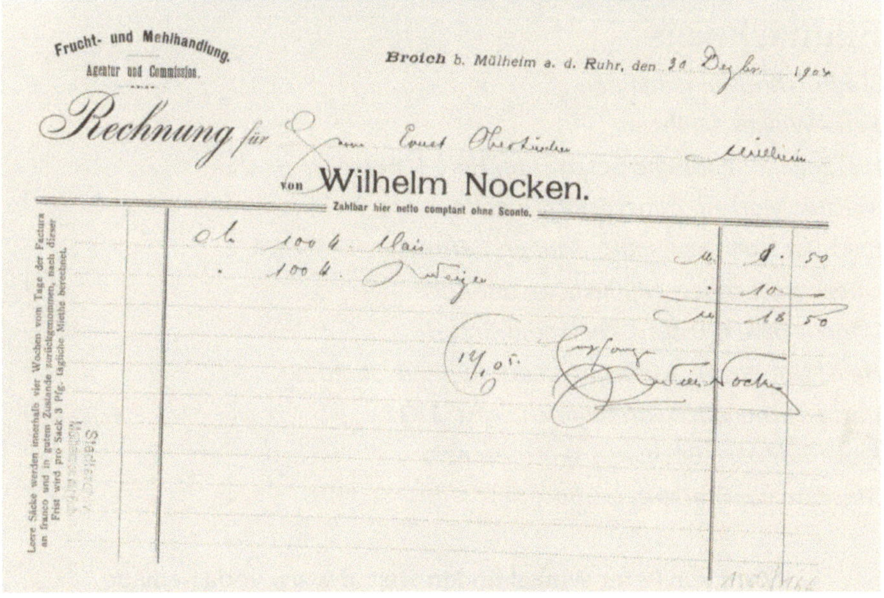

Frucht- und Mehlhandlung.

Agentur und Commission.

Broich b. Mülheim a. d. Ruhr, den 30 Dezbr. 1904

Rechnung für Herrn Ernst [illegible] Mülheim

von Wilhelm Nocken.

Zahlbar hier netto comptant ohne Sconto.

Leere Säcke werden innerhalb vier Wochen vom Tage der Factura an franco und in gutem Zustande zurückgenommen, nach dieser Frist wird pro Sack 3 Pfg. tägliche Miethe berechnet.

Ob 100 k. Mais	M.	8.50
" 100 k. Weizen	"	10.–
	M.	18.50

Empfang Wilhelm Nocken

Rechnung von 1904 über Weizen und Mais

Quellenverzeichnis

Gewichte aus www.kirchenweb.de

Die feine Konditorei, Konditormeister Karl Fischer Bonn, 1948, Band 4 Druckerei Uelpenich, Oberpleis

Bäckerei Voß Obermann, Heinz Obermann, verst. 2019

Vom Korn zum Brot, Bäckereien in Mülheim – von 1740 bis heute von Peter Winkel, Edition Paashaas Verlag

Preußische Geschichte, Heft 3, IV Auflage, H.J. Engel, Berlin

R. Gering, Mülheim an der Ruhr, Rezepte aus dem Privatbesitz von 1915

Wigo Aromen, Trittau, Zeelandia GmbH

Meister Marken, Ulmer Spatz, Bingen,

CSM Deutschland GmbH, Bremen Germany

Bäckerei Döbbe, Mülheim an der Ruhr

Klaus Salewski, Bochum - Wattenscheid

Bildnachweis

Stadtarchiv Mülheim Ruhr

Peter Winkel, Mülheim

H.J. Engel, Preußische Geschichte, Heft 3, Berlin

Meister Marken, Ulmer Spatz, Bingen,

CSM Deutschland GmbH, Bremen Germany

Döbbe Bäckereien, Mülheim an der Ruhr

Wigo Aromen, Trittau, Zeelandia GmbH

Heinz Obermann, Mülheim an der Ruhr, verst. 2019

Bäckerrechenbuch von Heinrich Ernst, 1931

Klaus Salewski, Bochum – Wattenscheid

Museum der Brotkultur, Ulm